Fleischfressende Pflanzen

KOSMOS

Thomas Carow

Fleischfressende Pflanzen

KOSMOS

Inhalt

Faszination Karnivoren

Karnivoren kennen lernen

Die ineinander greifenden Zähne der Fallen von Dionaea muscipula *(Venusfliegenfalle) machen ein Entkommen auch größerer Insekten unmöglich. Innerhalb von Bruchteilen einer Sekunde klappt die Falle zu.*

„Wie oft muss ich die Füttern?", „Klappt da der Deckel zu?", „Sind die für mich gefährlich?" Wer sich einmal neben die „Fleischfresser" in ein Gartencenter stellt und den Kommentaren der Kinder und ihrer Eltern lauscht, hat schon etwas zu schmunzeln.

Eigentlich hat jeder schon etwas von Fleischfressenden Pflanzen gehört und verbindet diese mit mehr oder weniger gruseligen Geschichten. Oft werden in Unkenntnis der wichtigsten Pflegetipps, die Pflanzen zu Tode gepflegt und als Spielzeug innerhalb weniger Tage „verbraucht". Dabei ist die Pflege dieser interessanten Pflanzengruppe gar nicht schwer. Wichtig ist die richtige Pflanzenauswahl, denn es gibt für nahezu jeden Standort die entsprechenden Arten. Wer erst einmal die Venusfliegenfalle über viele Monate erfolgreich gepflegt hat, wird auch schnell Gefallen an den zahlreichen anderen Arten finden. Gerade junge Leute sind begeisterte Käufer dieser Pflanzen, an denen man so viel beobachten kann. Der Ratgeber soll Ihnen, als Leitfaden aus kompetenter Hand, die Pflege dieser vielleicht faszinierendsten Pflanzengruppe näher bringen und Ihnen mit erprobten Tipps den Kulturerfolg sichern.

Historischer Rückblick

„Hier aber sollen mit vollkommenen Wurzeln ausgestattete Pflanzen plötzlich eine sehr konzentrierte Nahrung aufnehmen, welche Annahme schon von vornherein an innerer Unwahrscheinlichkeit leidet." Dies war die Reaktion des Wissenschaftlers Eduard Regel im Jahre 1875 auf das erste umfassende Werk von Charles Darwin zu den „Insectivorous Plants". Viele seiner Untersuchungen besitzen heute noch Gültigkeit. Damals jedoch war das Werk lange umstritten. Es durfte einfach nicht sein, dass Pflanzen Tiere fangen und verdauen.

Aber auch in den letzten 20 Jahren hat sich auf dem Gebiet der Insektenfressenden Pflanzen viel getan. Zahlreiche Vereine sind weltweit entstanden, die Publikationen und wissenschaftlichen Veröffentlichun-

Insektivoren bilden oft die ersten „Lebensinseln" auf kargem, nassem Felsen. Hier Drosera hirticalyx, D. roraimae, Heliamphora nutans *und* Utricularia quelchii *auf dem Kukenam Tepui in Venezuela.*

gen haben stark zugenommen, und es sind über 100 Arten neu entdeckt worden. Noch vor 25 Jahren waren Fleischfressende Pflanzen nur in Botanischen Gärten zu bewundern, heute gehören sie in jedem gut sortierten Gartencenter zum Standardsortiment.
Sogar die Bezeichnung hat sich gewandelt. War bis vor ein paar Jahrzehnten noch die Bezeichnung Insektivor, also Insektenfresssend, geläufiger, hat sich jetzt mehr die Bezeichnung Karnivor, also Fleischfressend, durchgesetzt. Beide Bezeichnungen sind nicht ganz korrekt, denn die Pflanzen fangen nicht nur Insekten sondern auch Kleinkrebse, Gliedertiere und Ähnliches. Genauso wenig wird kein Wissenschaftler bei dieser Nahrung von „Fleisch" sprechen. In diesem Ratgeber werden deshalb beide Begriffe benutzt, um nicht die manchmal gestellte Frage aufkommen zu lassen „Wo ist denn der Unterschied zwischen Fleisch- und Insektenfressenden Pflanzen?"

Nahrungskünstler der Natur

Nahezu alle Lebensräume auf allen Kontinenten sind von den Karnivoren erobert worden. Dazu zählen Seen, Wasserlöcher, Halbwüsten, Torfmoore, Quellgebiete, Felsstandorte und selbst Bäume.
Karnivoren vertragen keine Konkurrenz von anderen stark wachsenden Pflanzen. Deshalb können sie nur auf wenig bewachsenen, meist feuchten Magerstandorten siedeln. Oft haben sie als Bestandteil der Primärvegetation nur ein sehr kurzes Zeitfenster um sich auszubreiten. Dafür bekannt sind die periodisch brennenden Feuchtgebiete in Nordamerika, Australien und Afrika. Nur in einem bestimmten Zeitrahmen, bis circa zum sechsten Jahr nach einem Feuer, bestehen hier optimale Wachstumsverhältnisse für die Karnivoren. Brennt es dann längere Zeit nicht, werden sie von der übrigen Vegetation überwachsen und verdrängt.

Schlauchpflanzen, die im Freien stehen, sind meist randvoll mit Insekten gefüllt. Oft faulen dann die Schläuche, dies ist jedoch nicht schädlich für die Pflanzen.

In Deutschland beschränkt sich das Vorkommen auf die wenigen intakten Hoch-, Nieder- und Quellmoore. Man muss heute schon lange suchen, um eine der 13 heimischen Arten zu entdecken. Meist wird dies der Rundblättrige Sonnentau (*Drosera rotundifolia*) sein, der am schnellsten neue Feuchtstandorte erobert. Unter guten Bedingungen kann diese Art innerhalb eines Jahres von der Keimung bis zur Blüte kommen. Leider sind auch einige Karnivoren stark bedroht. So scheint es keine natürlichen Vorkommen mehr von der Wasserfalle (*Aldrovanda vesiculosa*) in Deutschland zu geben. Auch für einige in Deutschland heimische Wasserschlauch-Arten gibt es kaum mehr als ein Dutzend Standorte.

Wundersame Vielfalt

Das Gemshörnchen, Proboscidea louisianica, *eine so genannte präkarnivore (halbkarnivore) Art, die keine Nährstoffe aus den gefangenen Insekten ziehen kann.*

Die Arten

Insgesamt sind zur Zeit etwa 600 karnivore Arten aus 17 Gattungen beschrieben. Alleine in den letzten 10 Jahren sind circa 50 neue Arten beschrieben worden. So hat sich in den vergangene Jahren die Anzahl der bekannten Sumpfkrug-Arten auf den abgelegenen Tafelbergen in Venezuela mehr als verdoppelt.

Vergingen früher meist Jahrzehnte zwischen der Neuentdeckung einer Art und deren Vermarktung, sind es heute oft nur wenige Monate. Ein paar Samenkörner reichen aus, um über Sterilkulturen im Labor innerhalb eines Jahres tausende von Jungpflanzen zu produzieren.

Die Abgrenzung der Karnivoren zu den „normalen Pflanzen" ist gar nicht so einfach wie es erscheint. Zahlreiche Pflanzenarten fangen Insekten, ohne einen Nährstoffgewinn davon zu haben (Petunien, Kastanienknospen, Gemshörnchen). Deshalb gibt es unter den Wissenschaftlern eine nie endende Diskussion, wo genau die Trennungslinie zu ziehen ist und wie die Karnivorie unter den Pflanzen genau zu definieren ist.

Ausgefeilte Techniken – die Fallen

Bezeichnungen wie Draculapflanzen und Killerblumen werden diesen zarten Pflanzen nicht gerecht. Es sind Pflanzen, die sich, wie die überwiegende Mehrzahl der Blütenpflanzen, durch Photosynthese ernähren. Sie besitzen zwar meist nur sehr wenige Wurzeln, mit denen sie aber durchaus in der Lage sind, Nährstoffe aufzunehmen. Die Notwendigkeit des Fütterns erübrigt sich damit für die ausgesprochenen Schwachzehrer (Pflanzen mit geringem Nährstoffbedarf) in der Kultur. An den Naturstandorten, deren Untergrund oft nur aus reinem Sand oder Moosen besteht, ist es schon notwendig, auf die „Düngertabletten" aus der Luft zurückzugreifen. Auf diese Weise können Standorte besiedelt werden, die sonst nur von einfacheren Moosen und Gräsern erobert werden können.

Über die Insekten werden hauptsächlich die Nährstoffe Stickstoff und Phosphor, aber auch Calcium sowie Natrium aufgenommen. Diese müssen jedoch erst mit bis zu acht verschiedenen Enzymen aus den tierischen Eiweißverbindungen aufgeschlüsselt werden. Dabei sind die Beutetiere kleiner als von vielen angenommen, oft sind es Ameisen oder winzige Fluginsekten.

1. Eine Fliege hat sich auf einem Blatt vom Sonnentau (Drosera cuneifolia) *verfangen. Sie berührt durch ihre Bewegungen immer mehr Tentakeln.*

Die karnivoren Arten

Gattung	Deutscher Name	Fallentyp	Artenzahl	Verbreitung
Aldrovanda	Wasserfalle	Klappfalle, aktiv	1	Europa, Asien, Australien, Afrika
Brocchinia	Bromelie	Gleitfalle, passiv	2	Venezuela, Guayana
Byblis	Regenbogenpflanze	Klebfalle, passiv	7	Australien
Catopsis	Bromelie	Gleitfalle, passiv	1	Tropisches Amerika
Cephalotus	Zwergkrug	Gleitfalle, passiv	1	Südwest-Australien
Darlingtonia	Kobralilie	Gleitfalle, passiv	1	USA (Oregon, Kalifornien)
Dionaea	Venusfliegenfalle	Klappfalle, aktiv	1	USA (Nord- und Süd-Carolina)
Drosera	Sonnentau	Klebfalle, aktiv	209	Weltweit
Drosophyllum	Taublatt	Klebfalle, passiv	1	Portugal, Spanien, Marokko
Genlisea	Reusenfalle	Reusenfalle, passiv	21	Asien, Afrika, Australien, Amerika
Heliamphora	Sumpfkrug	Gleitfalle, passiv	15	Venezuela, Brasilien, Guayana
Nepenthes	Kannenpflanze	Gleitfalle, passiv	109	Hauptverbreitung: Südost-Asien
Pinguicula	Fettkraut	Klebfalle, aktiv	95	Europa, Asien, Afrika, Amerika
Roridula	Wanzenpflanze	Klebfalle, passiv	2	Südafrika
Sarracenia	Schlauchpflanze	Gleit-/Reusenfalle, passiv	8	Nordamerika
Triphyophyllum	Hakenblatt	Klebfalle, passiv	1	West-Afrika (Elfenbeinküste)
Utricularia	Wasserschlauch	Saugfalle, aktiv	220	Weltweit

Die Karnivorie hat sich im Pflanzenreich auf unterschiedliche Weise entwickelt. So gibt es Klappfallen, Klebfallen, Fallgruben, Saugfallen und Reusenfallen, die man wiederum in aktive und passive Fallen unterteilen kann. Dabei sind die aktiven Klapp- und Klebfallen mit ihren teilweise sehr schnellen Bewegungen am erstaunlichsten. Durch eine Lupe betrachtet, offenbart sich dem Beobachter eine erstaunliche Welt der Farben und Bewegungen, die jeden Interessenten schnell in seinen Bann ziehen werden.

2. Innerhalb von 30 Minuten bewegen sich die umliegenden Tentakeln auf die Fliege zu und fixieren damit die Beute.

3. Nach einer Stunde hat sich auch das Blatt fest um die Beute gerollt. Spezielle Drüsen beginnen mit der Produktion der Verdauungssekrete.

Tipps zum Pflanzenkauf

Am Anfang so mancher „Fleischfresser Besessenheit“ wird der Zufallskauf in einem Gartencenter gestanden haben. Hier wird üblicherweise ein Grundsortiment von Pflanzen sowie auch die Spezialerde zum günstigen Preis angeboten. Durch die Sterilvermehrung können heute Arten im Gartencenter angeboten werden, die noch vor wenigen Jahren als Kostbarkeiten in botanischen Sammlungen gehütet wurden. Dabei ist in Deutschland weltweit das größte Angebot zu finden. Man braucht heute keine Angst mehr zu haben, dass es sich um Wildpflanzen handeln könnte. In Europa haben sich eine Hand voll Gärtnereien auf die Kultur der Insektivoren spezialisiert und bieten ausschließlich künstlich vermehrte Pflanzen an. Vor 20 bis 30 Jahren war dies leider nicht immer so. Damals wurden Venusfliegenfallen und Schlauchpflanzen zu tausenden importiert und so an vielen Naturstandorten ausgerottet. Die CITES Schutzbestimmungen haben hier zum Glück gegriffen und verhindern den Handel mit Wildpflanzen.

Das Frühjahr ist die beste Jahreszeit, um Insektivoren einzukaufen. Dann ist das Angebot am größten und die Pflanzen haben Zeit, sich im Sommer am neuen Standort zu etablieren. Ein paar trockene oder schwarze Blätter an den Pflanzen sind kein Grund zur Besorgnis. Jede Woche werden neue Blätter ausgebildet, wobei die ältesten Blätter absterben. Auf Blattlausbefall ist zu achten und gegebenenfalls mit den handelsüblichen Spritzmitteln zu behandeln.

Die Angebote im Gartencenter werden jedes Jahr umfangreicher. Zur Hauptsaison im Frühjahr ist das Sortiment am größten.

Spezialgärtnereien versuchen gerade bei den Schlauchpflanzen immer schönere und robustere Hybriden zu züchten.

Wer Raritäten sucht und im Gartencenter nicht weiter kommt, kann im Internet unter den spezialisierten Versandfirmen fündig werden. Dort ist auch die „Gesellschaft für Fleischfressende Pflanzen – GFP“ mit vielen Informationen vertreten (siehe Anhang Seite 46). Tauschbörsen und Regionaltreffen bieten eine gute Gelegenheit zum Pflanzentausch und Fachsimpeln. Bei speziellen Fragen und Problemen wird einem in dem Internetforum der GFP meist schnell weitergeholfen.

In Botanischen Gärten sind im Tropenhaus oft die großen Kannenpflanzen zu sehen. Manchmal darf man auch „hinter die Kulissen“ schauen und seltenere Arten in den Anzuchthäusern bewundern.

Insektivoren in Haus und Garten

Fleischfresser auf der Fensterbank

Dankbare Blüher auf dem Fensterbrett sind die Fettkraut-Hybriden. Die Sorte 'Tina' ist eine Kreuzung zwischen Pinguicula agnata *und* P. zecheri.

Sonne – ein wichtiger Faktor

Die erste Fleischfressende Pflanze eines Pflanzenfreundes muss meist mit einem Fensterplatz vorlieb nehmen. Wenn auch die Auswahl an Pflanzen beschränkt ist, lassen sich mit etwas Geschick und Pflanzenkenntnis aber auch unter diesen Bedingungen gute Erfolge erzielen. Wichtig ist zunächst ein sonniger Fensterplatz. Dabei ist ein Süd-, Südost- oder Südwest-Fenster ideal. Das schönste Süd-Fenster nutzt jedoch nichts, wenn Baumbestand, Gardinen oder Dachvorsprünge kein Sonnenlicht zulassen. Aber auch an dunkleren Fenstern, wie Ost-, West- und sogar Nord-Fenstern, kann man mit Fettkraut- und Wasserschlauch-Arten Erfolge erzielen. Viele Arten bekommen rot gefärbte Blätter und Fallen bei einem ausreichenden Lichtangebot. Selbstverständlich kann an dunkleren Standorten auch gut mit Pflanzenleuchten nachgeholfen werden (siehe auch Seite 20/21).

Vorsicht vor trockener Luft

Zweiter wichtiger Punkt ist die Luftfeuchtigkeit. Im Sommer gibt es im Allgemeinen keine Probleme. Die natürliche Luftfeuchtigkeit, auch in unseren Wohnräumen, reicht in den meisten Fällen aus. Schwieriger wird es im Winter, wenn durch die Beheizung der Wohnräume die Luftfeuchtigkeit leicht auf Werte unter 30 % rutschen kann. Dann sollte ein immer noch heller, jedoch möglichst kühler Standort gesucht werden. Ein Standort im warmen Luftstrom über der Wohnzimmerheizung führt unweigerlich zum Tod der Pflanzen.

Das Schlafzimmerfenster oder das helle Fenster im Treppenaufgang bringt oft die richtige Lösung, denn mit kühleren Temperaturen erhöht sich auch wieder die Luftfeuchtigkeit. Eine Nachttemperatur von circa 12 °C im Winter wäre optimal, tagsüber kann mit höherem Lichtangebot die Temperatur auch steigen.

Das gelegentliche Übersprühen der Pflanzen besitzt keine dauerhafte Wirkung und bringt den Pflanzen deshalb nichts.

Auch die Blütenstiele und Knospen der meisten Fettkraut-Arten sind mit Drüsen besetzt. Hier P. 'Sethos'.

Die Anstaubewässerung ist eine praktische und sinnvolle Kulturmethode bei den Karnivoren. Der Gießaufwand beschränkt sich auf das gelegentliche Auffüllen der Schale.

Positiv wirkt sich jedoch eine größere Wanne als Untersetzer aus, in der die Töpfe im Anstau stehen. Durch die Verdunstung kann sich durchaus eine erhöhte Luftfeuchtigkeit im Pflanzenbestand bilden. Der erhöhte Bedarf an gutem, kalkfreiem Gießwasser sollte dabei bedacht werden (siehe Seite 20/21).

Die richtige Artenauswahl macht's

Beobachtet man seine Schützlinge aufmerksam, wird man schnell erkennen, ob sie sich mit dem gewählten Standort arrangieren, oder ob man besser einen anderen Platz ausprobiert. Kein Platz ist wie der andere, und so können auch hier keine pauschalen Empfehlungen gegeben werden. So ist es manchmal schon erstaunlich, dass an relativ lufttrockenen Standorten die robusten Hybriden der Kannenpflanzen recht gut wachsen und auch an jedem Blatt eine Kanne ausbilden. Das Füllen der Kannen mit Gießwasser, hat übrigens keinen Einfluss auf die Haltbarkeit der Pflanzen. Sie können das Wasser in den Kannen nicht nutzen. Fehlen beim Sonnentau die glitzernden Tautropfen, ist die Luftfeuchtigkeit zu niedrig. Die Fettkraut-Arten aus Mexiko kommen aber auch mit einer niedrigen Luftfeuchtigkeit sehr gut aus. Bei den Schlauchpflanzen können im Herbst viele Schläuche braun werden, ein Umstand, der nicht auf fehlende Luftfeuchtigkeit zurückzuführen ist, sondern mit der jahreszeitlichen Umstellung der Pflanze zu tun hat. Das Gleiche trifft auch auf die Venusfliegenfalle zu.

Sommerfrische tut gut

Im Sommer freuen sich die Pflanzen über einen geschützten Platz auf Balkon oder Terrasse. Die Fettkraut-, Kannenpflanzen- und Wasserschlauch-Arten sind im Hochsommer vor der vollen Sonne zu schützen. Auf dem vollsonnigen Süd-Balkon fühlen sich Taublatt, Wanzenpflanze und Regenbogenpflanze sehr wohl. Beide werden innerhalb kurzer Zeit über und über mit Insekten besetzt sein.

Wer absolut keine Möglichkeit hat, die Pflanzen im Winter kühler zu stellen, kann bei der Schlauchpflanze und Venusfliegenfalle noch zum Trick des Überwinterns im Kühlschrank greifen (siehe auch Seite 20/21). Zur Hydrokultur sind die Insektivoren übrigens nicht geeignet, da der pH-Wert (gibt den Säuregehalt des Bodens an) zu hoch ist. Eine Ausnahme bilden die Kannenpflanzen, die auch mit einem nahezu „neutralen Boden" (pH 7) klarkommen. Hier hat es schon einige Erfolgsmeldungen zur Hydrokultur gegeben.

Geeignete Arten für die Fensterbank

Deutscher Name	*(Botanischer Name)*
Venusfliegenfalle	(*Dionaea muscipula*)*
Sonnentau	(*Drosera aliciae*)
Kapsonnentau	(*Drosera capensis*)
Nestartiger Sonnentau	(*Drosera nidiformis*)
Kannenpflanze	(*Nepenthes*); robuste Hybriden
Fettkraut	(*Pinguicula*); Kulturhybriden°
Wanzenpflanze	(*Roridula gorgonias*)*
Schlauchpflanze	(*Sarracenia*); Arten und Hybriden*
Wasserschlauch	(*Utricularia*); kleinblütige Arten°

* Im Winter kühler, bei circa 12 °C Nachttemperatur
° Kultur auch an dunkleren Fenstern möglich

Minibiotop im Glas

Gläser lassen sich nach unterschiedlichen Gesichtspunkten bepflanzen. Es muss nicht immer die große Artenvielfalt sein. Hier sind es die Wasserschlauch-Arten Utricularia livida, Utricularia sandersonii *und* Utricularia calycifida.

Das richtige Gefäss

Die sicherlich häufigste Kulturmethode von Karnivoren ist die Pflege in Kugelgläsern, Terrarien, Aquarien und ähnlichen Behältern. In Gartencentern steht oft eine große Auswahl fertig bepflanzter Gefäße zum Verkauf. Dabei sind die Gefäße sehr gut für die, meist kleinwüchsigen, Fleischfresser geeignet und bieten bei richtiger Auswahl für jeden Platz eine optimale Kulturmöglichkeit. Kannenpflanzen und Schlauchpflanzen können für kleinere Gefäße schnell zu groß werden und müssen dann separat gepflanzt werden. Geschlossene Pflanzbehälter aller Art sollten nie vollständig geschlossen sein, um einen gewissen Luftaustausch zu gewährleisten und eine Überhitzung während der Sonneneinstrahlung zu vermeiden. Bei Vitrinen sollte ein Drittel der Abdeckung offen sein. Es gilt der Grundsatz: So weit schließen wie nötig, und so weit offen halten wie möglich. Zumindest im Sommer können viele Becken sogar ganz offen sein, die Luftfeuchtigkeit wird sich bei etwa 60 % halten.

Das Becken sollte an einem sonnigen Fensterplatz stehen. An dunkleren

EXPERTEN-TIPP

Am Boden eines Beckens wird eine Drainage aus Blähton oder Seramis eingebracht. Sie dient dazu, Luft in die unteren Schichten zu bringen. Es sollte sich nie dauerhaft Wasser am Beckengrund sammeln, da dies die Fäulnisgefahr erhöht.

Standorten kann zusätzlich sehr gut mit Kunstlicht beleuchtet werden, wobei darauf zu achten ist, dass sich die Gefäße nicht zu stark erhitzen (siehe auch Seite 20/21). Auf dem geschützten Balkon entwickeln sich die Pflanzen im Sommer besonders gut. Im Winter sollte die Temperatur nicht zu hoch sein, optimal sind nachts circa 12 °C. Beschränkt man sich jedoch auf die tropischen Arten (siehe auch Seite 20/21), kann auch im Winter die Temperatur bei 20 bis 25 °C liegen.

Schöne Becken selbst bepflanzen

Es gibt grundsätzlich drei Möglichkeiten, das Becken zu gestalten. Die einfachste Methode ist, die Töpfe einfach auf den Boden des Gefäßes zu stellen und im Anstau zu bewässern. Das Becken wird so nicht gerade sehr attraktiv wirken, der interessierte Pflanzensammler kann jedoch die Pflanzen schnell austauschen und zur Pflege in die Hand nehmen.
Soll die Gestaltung mehr im Vordergrund stehen, wird man das Becken mit Torf füllen, etwas dekorieren (zum Beispiel mit Wurzeln, Rinde, Kies und Moos) und dann die Pflanzen mit den Töpfen in den Torf einfüttern. So hat man immer noch die Möglichkeit, die Bepflanzung zu variieren und auch einzelne Exemplare zu Pflegemaßnahmen herauszunehmen.
Als dritte Möglichkeit bietet sich das Auspflanzen der Insektivoren direkt in den Torf an. Die Pflanzen können zwar nicht mehr herausgenommen werden, sie können sich jedoch im Becken frei entfalten. So werden sich schnell die Ausläufer der kleinblättrigen Wasserschlauch-Arten durch das Substrat ziehen und viele Sonnentau-Arten durch Wurzelausläufer an ganz anderer Stelle aus dem Torf wachsen oder sich durch Samen vermehren. Zu beachten ist, dass auch in solchen Becken nach etwa zwei Jahren das Substrat ausgetauscht werden muss, was einen erhöhten Arbeitsaufwand bedeutet.
Ein Schimmelbelag auf dem Substrat deutet auf eine zu nasse oder zu dunkle Kultur hin.

Große Kugelgläser bieten ein ideales Kleinklima und sollten am sonnigen Fenster stehen. Zur Bepflanzung eignen sich besonders: Dionaea muscipula, Drosera capensis, Drosera aliciae, Nepenthes-*Hybriden,* S. purpurea *und* Pinguicula-*Hybriden.*

Geeignete Arten für die geschlossene Zimmerkultur

Venusfliegenfalle (*Dionaea*); nur bei vollsonnigem Standort
Sonnentau (*Drosera*); nahezu alle subtropischen/tropischen Arten
Sumpfkrug (*Heliamphora*); alle Arten
Kannenpflanze (*Nepenthes*); alle Arten und Hybriden
Fettkraut (*Pinguicula*); alle mexikanischen Arten
Wasserschlauch (*Utricularia*); alle terrestrischen Arten

Pflanzenwahl

Die Artenauswahl richtet sich nach der Größe des Beckens. So bietet es sich an, für die hochwachsenden Kannenpflanzen höhere Vitrinen oder gar Zylinder zu bepflanzen. Wer nur wenig Platz hat, kann in einem kleinen Becken schon eine stattliche Sammlung von Zwergsonnentau-Arten (siehe auch Seite 33) halten. Einige Arten sind für eine Terrarienkultur nicht so gut geeignet. Dazu zählen die hochwachsenden Schlauchpflanzen, Wanzenpflanze und Taublatt. Sie sind ausgesprochene Luft- und Sonnenpflanzen und könnten schnell faulen oder zu groß werden.

Das Minimoor im Freien

„Lebensraum Moor", ein sehr reizvolles Biotop im eigenen Garten, in dem sich zahlreiche, seltene Pflanzen wohl fühlen. Die Schlauchpflanzen bieten im Gegenlicht ein unvergleichliches Farbenspiel.

In letzter Zeit hat die Gestaltung von Moorbiotopen im Freien stark zugenommen. Dabei ist die Anlage eines Minimoores in einem Mörtelkübel ebenso möglich, wie der Bau eines künstlichen Hochmoores von 300 m². Die nachfolgend genannten Tipps gelten für alle Größen.

Zahlreiche Karnivoren-Arten sind auch in unseren Breiten absolut winterhart und eignen sich daher besonders gut zur Anlage eines Minimoores.

Der Bau

Viele Insektivoren wachsen an den Naturstandorten unbeschattet in voller Sonne. Demzufolge sollte der Standort mindestens einen halben Tag Sonne erhalten. Bäume dürfen nicht direkt über dem Moorbiotop stehen, da sich neben der Schattenbildung auch der Nährstoffeintrag durch das Laub im Herbst ungünstig auswirkt. Wird ein größeres Moorbiotop geplant, bieten sich Teichwannen aus Plastik oder natürlich auch Teichfolie aus PE oder PVC in einer Dicke von 0,8 mm an. Zwischen Teichfolie und Mutterboden wird ein Schutzvlies gelegt, um das Durchdrücken von Steinen zu verhindern.

Die Teichwanne/Bodengrube sollte etwa 30 cm tief sein. Da Moorpflanzen meist kein ausgeprägtes Wurzelsystem besitzen, reicht eine Substrattiefe von 15 cm aus. Die anderen 15 cm dienen zur Konstruktion eines Wasserspeichers, um nicht ständig nachgießen zu müssen, denn die Verdunstungsrate an heißen Tagen ist enorm. Dazu wird der Boden komplett mit umgedrehten Behältern ausgelegt und danach mit reinem, ungedüngtem, möglichst schwach zersetztem Weißtorf, aufgefüllt. Meist ist der Torf so trocken, dass er vorher in einer Wanne mit Regenwasser gut durchmischt werden muss. Die erste Schicht wird vorsichtig eingefüllt, damit sich die Behälter nicht

EXPERTEN-TIPP

Als Wasserspeicher werden beim Bau des Minimoores Hohlräume durch umgedrehte Eimer oder Blumentöpfe geschaffen. Damit die Luft entweichen kann, müssen die Behälter oben Löcher haben.

heben oder verschieben. In den oberen Schichten wird kräftig gestampft, sonst sackt der Torf später zu stark zusammen. In größeren Anlagen können die typischen Moorlandschaften durch Bülten (Erhebungen) und Schlenken (kleine Wasserlöcher) mit Hilfe von Torfziegeln angelegt werden. Bei kleineren Behältnissen sollte zumindest eine Wurzel zur Dekoration nicht fehlen. Danach wird mit reinem Regenwasser aufgefüllt. Der Wasserspiegel sollte etwa auf halber Substrathöhe, also oberhalb der Wasserspeicher, liegen. Um ihn zu kontrollieren, kann ein Rohr, das senkrecht bis auf den Boden reicht, eingearbeitet werden. Ein Überlauf ist meist nicht nötig. Selbst wenn nach einem starken Regen die Pflanzen einmal unter Wasser stehen, wird dies gut vertragen.

Die Bepflanzung

Schlauchpflanzen dürfen in keinem Moorbiotop fehlen. Die auffällig gefärbten Schläuche ziehen jeden Blick auf sich. Durch die Kombination von flachen (*S. purpurea*), halbhohen (*S.*-Hybriden) und hohen (*S. flava*) Arten, lassen sich sehr gut Abstufungen erzielen. Zur Blütezeit im Frühjahr zeigen diese Arten, durch die unterschiedlichen Blütenfarben, ihre volle

Winterharte Insektivoren-Arten für das Moorbeet

Deutscher Name	(Botanischer Name)
Kobralilie	(*Darlingtonia californica*)
Venusfliegenfalle	(*Dionaea muscipula*)
Langblättriger Sonnentau	(*Drosera anglica*)
Gabelblättriger Sonnentau	(*Drosera binata*)
Fadenblättriger Sonnentau	(*Drosera filiformis*)
Mittlerer Sonnentau	(*Drosera intermedia*)
Rundblättriger Sonnentau	(*Drosera rotundifolia*)
Gemeines Fettkraut	(*Pinguicula vulgaris*)
Gelbe Schlauchpflanze	(*Sarracenia flava*)
Bunte Schlauchpflanze	(*Sarracenia leucophylla*)
Purpurblütige Schlauchpflanze	(*Sarracenia purpurea*)
Braune Schlauchpflanze	(*Sarracenia rubra*)
Sarracenia-Hybriden der vorgenannten Arten	
Südlicher Wasserschlauch	(*Utricularia australis*)
Gehörnter Wasserschlauch	(*Utricularia cornuta*)
Mittlerer Wasserschlauch	(*Utricularia intermedia*)
Kleiner Wasserschlauch	(*Utricularia minor*)
Gemeiner Wasserschlauch	(*Utricularia vulgaris*)

Schritt für Schritt zum Minimoorbeet

1

1. Als Wasserspeicher dienen stabile, umgedrehte Plastiktöpfe. Sind die Topflöcher zu groß, werden sie mit Vlies abgedeckt.
2. Mit Wurzeln und Torfziegeln lassen sich unterschiedliche Höhen modellieren.
3. Die Pflanzen dürfen nicht zu dicht stehen. Sonnentau und Venusfliegenfalle vertragen keine Konkurrenz.

2

3

Schönheit. Pflanzen Sie Venusfliegenfallen und Sonnentau-Arten in Richtung Süden, mit etwas Abstand zu den Schlauchpflanzen, sie werden sonst bald überwachsen. Gruppen von drei bis fünf Pflanzen verstärken die Wirkung dieser zarteren Arten. Vor allem die heimischen Sonnentau-Arten benötigen freie Torfflächen, auf denen sie nach wenigen Jahren durch Selbstaussaat große Bestände bilden können.
Die winterharten, heimischen Wasserschlauch-Arten (*Utricularia*) benötigen eine kleine Wasserfläche als Refugium. Hier schwimmen sie dicht unter der Oberfläche und fangen Wasserflöhe und Mückenlarven.
Das Torfmoos (*Sphagnum*) sollte als wichtige Begleitpflanze im Moor nicht fehlen, denn es ist die Grundlage für die Torfbildung. Weltweit ist es mit über 300 Arten vertreten, wobei jede Art ihre eigene Farbe und Wuchsform hat. Eine Vielzahl von weiteren Moorpflanzen kann als Bepflanzung für so ein einzigartiges

Im Frühjahr, vor den ersten Schläuchen, werden die charakteristischen Blüten der Schlauchpflanzen ausgebildet.

Biotop Verwendung finden (siehe Tabelle) wobei zu beachten ist, dass einige Arten sich sehr stark ausbreiten und die Insektivoren schnell verdrängen können, wie zum Beispiel Wollgras, Erika, Seggen und Lavendelheide.

Ausgewählte Begleitpflanzen für das Moorbiotop

Deutscher Name	*(Botanischer Name)*
Rosmarinheide	(*Andromeda polifolia*)
Mooraster	(*Aster nemoralis*)
Sumpfcalla	(*Calla palustris*)
Besenheide	(*Calluna vulgaris*)
Segge	(*Carex* spp.)
Knabenkraut	(*Dactylorhiza* spp.)
Sumpfwurz	(*Epipactis palustris*)
Schneeheide	(*Erica* spp.)
Wollgras	(*Eriophorum* spp.)
Moornelke	(*Helonias bullata*)
Moorlilie	(*Narthecium ossifragum*)
Sumpfknabenkraut	(*Orchis palustris*)
Sumpfherzblatt	(*Parnassia palustris*)
Moorpogonie	(*Pogonia ophioglossoides*)
Moorsimse	(*Scirpus cyperinus*)
Torfmoos	(*Sphagnum* spp.)
Alpenwollgras	(*Trichophorum alpinum*)
Europäischer Siebenstern	(*Trientalis europaea*)
Moosbeere	(*Vaccinium* spp.)
Sumpf-/Moorveilchen	(*Viola* spp.)

Die Pflege

Um den Winter gut zu überstehen, sollten kleinere Behälter im Boden eingelassen sein. Sie frieren dann bei den ersten Frösten nicht gleich komplett durch. Ist das Moorbiotop erst spät im Jahr gepflanzt worden, kann bei starken Kahlfrösten eine Abdeckung aus Reisig oder dünnem Vlies günstig sein. Normalerweise sind die genannten Arten jedoch sehr frosthart. Ausfälle im Winter sind fast immer auf Trockenheit zurückzuführen. So ist auch hier während frostfreier Zeiten darauf zu achten, dass der Torf richtig nass ist. Im Sommer beschränkt sich die Pflege bei langen Trockenzeiten auf das etwa 14-tägliche Auffüllen mit Regenwasser. Im Frühjahr ist es meist notwendig, das Moor mit einem Gitter oder Netz abzudecken. Vor allem Amseln lieben Torf und Torfmoos als Nestbaumaterial und können an zarten Pflanzen große Schäden anrichten.

Praxis

Licht und Temperatur

Heliamphora heterodoxa x ionasii. *Erhalten die Sumpfkrüge ausreichend Licht, entwickeln sich die schönen charakteristischen Farben.*

Sonnenhungrige Fleischfresser

Ein ausreichendes Lichtangebot ist einer der wichtigsten Faktoren für eine erfolgreiche Karnivorenkultur. Die meisten fleischfressenden Arten sind Sonnenkinder der offenen Lebensräume von Afrika, Australien und Amerika.

Ein heller, sonniger Standort mit mindestens fünf Stunden Sonne pro Tag ist für viele Arten notwendig. Nur bei entsprechender Sonne färben sich die Fallen der Venusfliegenfalle tiefrot und die Schlauchpflanzen bilden die kräftig ausgefärbten Schläuche.

EXPERTEN-TIPP

Anspruchslose, tropische Arten für das ganzjährig warme Fenster: *Drosera adelae*, *Drosera aliciae*, *Drosera capensis*, *Drosera nidiformis*, *Drosera spathulata*, *Pinguicula*-Hybriden, *Nepenthes* (alle üblichen Hybriden), *Utricularia livida*, *Utricularia sandersonii*

Ein geschützter, halbschattiger Platz auf dem Balkon oder im Garten ist ein idealer Sommerstandort für viele sonnenhungrige Arten. Im Winter muss ein möglichst heller Standort im Haus gewählt werden. Es gibt jedoch auch Arten, die keine volle Sonne vertragen und sich an einem Nord-, West- oder Ost-Fenster wohl fühlen (siehe auch Seite 12/13).

Kunstlicht – bitte nicht überschätzen

Wer auch bei schlechtem Lichtangebot nicht auf die sonnenhungrigen Arten verzichten möchte, kann mit Zusatzlicht viel bewirken.

Bei Sonnenlicht rechnen wir, natürlicherweise, mit weit über 1000 Watt/m². Diese Werte werden mit Kunstlicht jedoch nicht im entferntesten erreicht. Für die Beleuchtung mit Kunstlicht sind Leuchtstofflampen oder Metalldampfdrucklampen geeignet, die nicht zu weit entfernt von den Pflanzen montiert werden dürfen. Allerdings ist, insbesondere bei der Montage innerhalb der Terrarien, die Wärmeentwicklung zu beachten. Als Zusatzlicht sind circa 100 Watt/m² anzunehmen, bei reiner Kunstlichtkultur sollten mindestens 150 Watt/m² während einer Beleuchtungsdauer von 12 Stunden installiert werden.

Es spielen jedoch so viele Faktoren bei der Beleuchtung eine Rolle (Temperatur, Reflektoren, Lichtfarbe), dass letztendlich nur der Versuch Sicherheit bringen kann.

Die optimale Temperatur

Da die Pflanzen etwas exotisch Fremdes an sich haben, werden sie oft zu den tropischen Pflanzen gerechnet und viel zu warm gehalten.

Die überwiegende Mehrzahl der Karnivoren ist jedoch in subtropischen und mediterranen Gebieten beheimatet. Die Sommertemperaturen entsprechen

Sarracenia purpurea *ssp.* purpurea. *Viele Karnivoren vertragen niedrige Temperaturen oder sind sogar winterhart. Die Schlauchblätter der Sarracenien bieten auch im Winter einen schönen Anblick und werden erst im Frühjahr abgeschnitten.*

denen in unseren Breiten. Da viele Arten ursprünglich aus höher gelegenen Regionen kommen, wirkt sich eine niedrigere Nachttemperatur günstig aus. Schwieriger sind die kühleren Wintertemperaturen an den Naturstandorten zu imitieren. Viele Arten machen eine Winterruhe durch, in der sie kaum wachsen.
Sie benötigen deshalb im Winter einen kühleren (8 bis 12 °C), aber immer noch möglichst hellen Platz. Dabei hängt die Temperaturführung sehr eng mit dem Lichtangebot zusammen. Je dunkler eine Pflanze im Winter steht, desto kühler sollte sie stehen. Umgekehrt vertragen viele Arten auch höhere Wintertemperaturen, wenn sie an einem sonnigen Standort, möglichst mit Zusatzlicht, „durchkultiviert" werden.

Lichtansprüche der wichtigsten Gattungen

Vollsonnig	Sonnig/Hell	Halbschattig
Regenbogenpflanze (*Byblis*)	Zwergkrug (*Cephalotus*)	Fettkraut (*Pinguicula*)
Venusfliegenfalle (*Dionaea*)	Kobralilie (*Darlingtonia*)	Wasserschlauch (*Utricularia*)
Taublatt (*Drosophyllum*)	Sonnentau (*Drosera*)	
Wanzenpflanze (*Roridula*)	Sumpfkrug (*Heliamphora*)	
Schlauchpflanze (*Sarracenia*)	Kannenpflanze (*Nepenthes*)	

Überwinterung im Kühlschrank

Viele Spezialisten machen sich das Wechselspiel zwischen Licht- und Temperaturführung zunutze und überwintern die Venusfliegenfallen und Schlauchpflanzen im Gemüsefach im Kühlschrank! Bei nicht mehr als 4 °C machen die Pflanzen eine komplette Ruhezeit durch und benötigen kein Licht. Dazu werden die Blätter kurz oberhalb des Substrates abgeschnitten, die Rhizome (Wurzelstöcke) aus dem Topf genommen, die Wurzeln gekürzt und in leicht feuchtes Torfmoos gewickelt. Die so präparierten Rhizome kommen in eine luftdichte Tüte und können bis zum März überwintert werden. Mit steigendem Lichtangebot im März werden die Rhizome wieder getopft und treiben dann kräftig durch.
Wer keinen kühleren Standort im Winter zur Verfügung hat, kann auf die tropischen Arten ausweichen. Einige Arten sind winterhart und überdauern auch starke Fröste. Wer keinen entsprechenden hellen Platz in der Wohnung im Winter bieten kann, ist eventuell mit einem Minimoor auf dem Balkon gut bedient.

Gießwasser und Luftfeuchte

Heliamphora minor *am Naturstandort auf dem Aujan-Tepui in Venezuela. Viele Insektivoren sind an ihren Naturstandorten nach Regenfällen überflutet und vertragen so auch in Kultur Staunässe.*

Kalkfreies Wasser – ein unbedingtes Muss!

Eine gute Gießwasserqualität ist sehr wichtig für eine erfolgreiche Insektivorenkultur.

Wie alle Moorpflanzen sind Insektenfressende Pflanzen kalkfliehend, das heißt sie vertragen keinen Kalk im Gießwasser. Es darf nur Gießwasser mit einem Gesamtgehalt von unter 4 °dH (Grad deutsche Härte) dauerhaft verwendet werden. Damit scheidet ein Großteil der Leitungswasser in Deutschland aus. Durch Abstehen und Abkochen wird nur ein kleinerer Teil (temporäre Härte) der Gesamthärte aus dem Wasser entfernt. Der Kalk und Salzgehalt des Wassers wird auch in µS (Mikrosiemens) angegeben, wobei der Wert unter 100 µS liegen sollte.

Auch Wasser aus deutschen Quellgebieten und Mineralwasser sind, wie der Name schon sagt, meist zu hoch mit Mineralien und Salzen angereichert. Wurde über längere Zeit mit kalkhaltigem Wasser gegossen, bilden sich auf dem Substrat bräunliche Kalkablagerungen. Nur rasches Umtopfen kann die Pflanzen dann noch retten.

Gut geeignet sind Regenwasser und die im Handel erhältlichen Trinkwasser aus französischen kalkfreien Quellen. Auch destilliertes Wasser, dem circa 10 % Leitungswasser beigemischt wurde, ist für alle empfindlichen Pflanzen sehr gut geeignet. Regenwasser sollte kühl und dunkel in Gefäßen aus neutralen Materialien (Kunststoff) gelagert werden, so ist es über Monate zu verwenden. Eine leichte Trübung des Regenwassers durch Algen schadet den Pflanzen nicht. Der pH-Wert des Wassers spielt übrigens nicht so eine große Rolle, wie oft angegeben wird.

Karnivoren lieben nasse Füsse

Was für andere Zimmerpflanzen meist tödlich ist, lieben unsere Fleischfresser – den nassen Fuß. Man kann die Pflanzen, zumindest im Sommer, deshalb kaum vergießen. Im Winter leiden die Insektivoren oft unter Lichtmangel. Um dann Schimmelbildung und Pilzinfektionen vorzubeugen, sollten die Pflanzen noch feucht, jedoch nicht zu nass gehalten werden. Haben Sie Karnivoren in Glasbehälter ausgepflanzt, sollte das Substrat nicht dauerhaft zu nass sein. Obwohl die Pflanzen durchaus Nässe vertragen, kann es in geschlossen Behältern zu Zersetzungsprozessen kommen, wodurch die Wurzeln geschädigt werden. Daher sollte sich kein Wasser dauerhaft am Beckengrund sammeln. Hier bringt eine Drainageschicht mehr Luft an die Wurzeln und wirkt solchen Fäulnisprozessen entgegen.

EXPERTEN-TIPP

Für die Karnivoren hat sich die Bewässerung im Anstauverfahren bewährt. Dabei werden die einzelnen Töpfe in einen Untersetzer gestellt, in dem immer etwas Wasser stehen kann.

Die Luftfeuchtigkeit

Wer sich ernsthaft mit der Kultur von Fleischfressenden Pflanzen beschäftigen möchte, kommt um eine dauerhaft erhöhte Luftfeuchte nicht herum. Es gibt zwar einige Gattungen, die auch mit einer geringeren Luftfeuchtigkeit auskommen – hierzu zählen insbesondere die Fettkräuter und einige Schlauchpflanzen – das Sortiment ist jedoch sehr beschränkt. Und selbst diese Arten fühlen sich in einer luftfeuchten Umgebung wohler.

Im Sommer ist das Thema Luftfeuchtigkeit nicht so wichtig, die natürliche Feuchte reicht in unseren Räumen für die meisten Arten aus. Stehen die Töpfe in einer großen Schale im Anstau, wird durch die Verdunstung eine leicht erhöhte Luftfeuchtigkeit erzielt. Im Winter dagegen sinkt sie auf Werte unter 30 % ein Wüstenklima, das unseren Zimmerpflanzen allgemein nicht bekommt.

Die Luftfeuchtigkeit muss in der kalten Jahreszeit dauerhaft erhöht werden, dies geht nur durch geschlossene Räume wie Blumenfenster, Glaskugeln, Terrarien und Ähnliches.

Früher hatte man es mit der Luftfeuchtigkeit oft übertrieben. In komplett geschlossenen Behältern bei 100 % Luftfeuchte wachsen viele Arten sogar ganz gut, sie werden jedoch extrem weich und anfällig für Pilzinfektionen. Schon ein paar Minuten außerhalb dieser „Schutzglocke" reichen aus, und die Pflanzen fallen regelrecht zusammen. Auch hier ist der goldene Mittelweg zu beschreiten. So sollte etwa ein Drittel des Gefäßes offen sein, damit ein Luftaustausch stattfinden kann. Bei ausreichender Luftfeuchtigkeit bildet der Sonnentau seine wunderschönen Tautropfen und die tropischen Kannenpflanzen bilden an jedem Blatt eine Kanne aus.

Als Richtwert lassen sich 50 bis 70 % relative Luftfeuchtigkeit angeben. Dabei ist es durchaus natürlich, dass die Luftfeuchtigkeit in einem großen Bereich schwankt. So haben die tropischen Kannenpflanzen auf den Bergen der Regenwälder nachts meistens 100 % Luftfeuchte (mit Taubildung), tagsüber kann sie bei voller Sonne jedoch ohne weiteres auf Werte unter 50 % absinken.

Übersprühen hilft kaum

Das Übersprühen der Pflanzen bei trockener Luft ist vergebliche Mühe. Die Wassertropfen auf den Blättern mildern die Trockenheit nur wenige Minuten. In Gefäßen mit erhöhter Luftfeuchtigkeit sollte sogar unbedingt auf das Übersprühen verzichtet werden. An trüben Tagen können die Wassertropfen zu lange auf den Blättern der weichlaubigen Sonnentau- und Fettkraut-Arten stehen bleiben und so den Grauschimmel (*Botrytis*) fördern.

Große Vitrinen bieten durch die erhöhte Luftfeuchtigkeit gute Möglichkeiten ein umfangreiches Sortiment von Karnivoren zu kultivieren.

Substrat und Düngung

Normale Blumenerden, Moorbeeterden oder Torfersatzprodukte sind für Karnivoren absolut ungeeignet, da sie zu viel Kalk und Dünger enthalten und unweigerlich zum Absterben der Pflanzen führen. Wir benötigen ein saures (pH 3,5 bis 4,5) und sehr nährstoffarmes Substrat, das zudem gut wasserhaltend und dennoch locker sein sollte. Nur Torf kann diese Ansprüche erfüllen. In Gartencentern wird meist spezielle Insektivorenerde angeboten, die für alle üblichen Arten gut geeignet ist. Für Eigenmischungen, zur Anlage von Moorbiotopen oder zum Bepflanzen größerer Behälter, dient reiner, ungedüngter Gartentorf. Dabei sollte auf einen möglichst „jungen" Torf, also Weißtorf, geachtet werden, der sich durch einen niedrigen Zersetzungsgrad (H 2 bis 4) auszeichnet.

Zuschlagstoffe lockern den Torf auf

Torf ist ein Naturprodukt und wird sich im Laufe der Zeit zersetzen und verfestigen. Deshalb können bis zu 30 % Zuschlagstoffe untergemischt werden, die für mehr Strukturstabilität sorgen. Hierfür werden insbesondere Perlite (nährstoffneutrales, geblähtes Naturgestein), reine Quarzsande (Körnung 1 bis 3 mm) und Torfmoos für sehr wurzelempfindliche Arten verwendet. Generell sollte die Beimischung eines Zuschlagstoffes jedoch nicht überbewertet werden. Sind spezielle Mischungen für einige Arten günstig, ist dies bei den Pflanzenporträts ab Seite 28 angegeben. Wichtig ist ein jährliches Umtopfen im Frühjahr, da sich der Torf zersetzt und erneuert werden muss. Wurde mit Kalkwasser gegossen (gelbbraune Ablagerungen auf dem Substrat) oder zu viel gedüngt, sollten Sie Ihre Insektivoren möglichst bald umtopfen. Da sie ein nur schwach entwickeltes Wurzelwerk haben, muss dabei selten ein größerer Topf gewählt werden.

Düngen – nur bei wenigen Arten

Karnivoren sind ausgesprochene Schwachzehrer, die mit sehr wenigen Nährstoffen auskommen. Tausende Pflanzen wurden schon totgedüngt, mit Sicherheit sind aber noch keine Pflanzen verhungert! Der erfahrene Insektivorenliebhaber kann, vor allem hartlaubige Arten wie Kannen- und Schlauchpflanzen, zwei- bis dreimal im Sommer mit einem schwach konzentrierten Orchideendünger versorgen. Jedoch nur sehr sonnig kultivierte und gesunde Pflanzen dürfen gedüngt werden! Wird zu viel Dünger gegeben, vergeilen die Pflanzen, die Blätter verlieren die Farbe und die Karnivoren werden anfällig für Pilzkrankheiten. In den Wintermonaten führt dies unweigerlich zum Verlust der Pflanzen. Die Annahme, dass Düngung die Insektivoren zur Bildung besonders großer Fallen anregt, ist falsch! Das Gegenteil ist der Fall. Stehen die Pflanzen im Freien wird reichlich Beute gemacht und ein Düngen erübrigt sich bei allen Arten.

Bestandteile der Karnivorenerden

1. *Torf (Hauptbestandteil aller Mischungen)*
2. *Getrocknetes Torfmoos* (Sphagnum)
3. *Reiner, grober Quarzsand*
4. *Perlite (nährstofffreier Zusatzstoff)*
5. *Seramis (als Drainage und Zuschlagstoff)*
6. *Feiner Blähton (gut als Drainage geeignet)*
7. *Vermiculite (mineralienhaltiges Gestein)*

Karnivoren selbst vermehren

Viele Fleischfressende Pflanzen lassen sich gut generativ (über Samen) oder auch vegetativ (ungeschlechtlich; Stecklinge und andere) vermehren. Anschließend sind einige wichtige Vermehrungsmethoden aufgeführt, mit denen man bei den beschriebenen Arten auch schnell Erfolg haben wird.

Auch der Sonnentau, Drosera adelae, *lässt sich einfach durch Wurzelschnittlinge vermehren.*

Sonnentau aussäen

Unproblematisch ist die Aussaat vieler Sonnentau-Arten. Schon nach einem Jahr erhält man von *Drosera capensis*, *D. aliciae* oder *D. spathulata* größere Pflanzen. Diese Arten sind selbstbestäubend und setzen reichlich staubfeinen Samen an. Er wird in, mit nassem Torf gefüllte, Töpfe ausgesät und nicht mit Torf übersiebt. Das Gefäß wird mit einem durchsichtigen Deckel oder Folie abgedeckt und hell, jedoch nicht sonnig gestellt. Der Torf darf nie austrocknen!

Vermehren durch Teilung und Schnittlinge

Starkwüchsige Gattungen wie die Schlauchpflanzen, können im Frühjahr beim Umtopfen geteilt werden, wobei die Teilstücke schon eigene Wurzeln gebildet haben sollten. Auch die moosartig wachsenden Wasserschlauch-Arten sind im Frühjahr durch mehrfache Teilung zu vermehren.

Blattstecklinge – dies ist die Vermehrungsmethode für die Fettkraut-Arten aus Mexiko. Die dickfleischigen Winterblätter werden von der Pflanze abgezogen und auf feuchten Sand gelegt. Die Gefäße werden nicht abgedeckt!

Vor allem Sonnentau-Arten mit dicken Wurzeln (*D. binata*, *D. capensis*, *D. regia*) lassen sich gut über circa 4 cm lange Wurzelstücke vermehren, die beim Umtopfen im Frühjahr abgetrennt und waagrecht fingerdick mit feuchtem Torf bedeckt werden.

Kannenpflanzen werden durch Stecklinge vermehrt. Die Pflanzenspitze wird mit etwa drei entwickelten Blättern abgeschnitten und in einen Topf mit feuchtem Torfmoos gesteckt. In einer durchsichtigen Plastiktüte luftdicht verschlossen, bilden sich bei vielen Arten nach vier bis sechs Wochen neue Wurzeln.

Tropische Fettkraut-Arten lassen sich gut über Blattstecklinge vermehren. Nach etwa drei Wochen zeigen sich die ersten Austriebe.

Sonnentaukeimlinge sind nur etwa einen Millimeter groß. Schon die ersten Blätter bilden Fangtentakeln aus.

Krankheiten und Schädlinge

Die tierischen Schädlinge

So verwunderlich es erscheinen mag, tierische Schädlinge sind die ärgsten Feinde der Fleischfresser. Allen voran sind die Blattläuse zu nennen, deren geflügelte Exemplare es im Sommer immer wieder schaffen, sich auf die jungen Blätter der Pflanzen zu setzen. Insbesondere Sonnentau, Venusfliegenfalle und Schlauchpflanze werden von diesen Plagegeistern heimgesucht. Die Pflanzen reagieren mit verkrüppelten und gelbfleckigen Blättern sehr empfindlich auf die Blattläuse.

Sie sollten Ihre Schützlinge daher in den Sommermonaten mit einer Lupe sehr genau kontrollieren. Glücklicherweise vertragen die Insektivoren alle handelsüblichen Spritzmittel sehr gut, sodass die Bekämpfung gerade der Blattläuse kein Problem ist.

Hartlaubige Gattungen wie Schlauchpflanzen und Kannenpflanzen können von Schildläusen befallen werden. Auch hier hält der Fachhandel entsprechende Mittel bereit.

Das luft- und erdfeuchte Milieu der Karnivoren wissen auch die Schnecken zu schätzen, die man an den Schleimspuren leicht erkennt. In der Dunkelheit lassen sich diese Plagegeister gut absammeln. Besonders beliebt sind die saftigen Blätter des Fettkrautes.

Die circa 5 mm langen weißlichen Larven der Trauermücken können die Wurzeln junger oder empfindlicher Pflanzen so stark schädigen, dass die Pflanzen eingehen. Das Substrat sollte über eine längere Periode so trocken gehalten werden, wie es die Insektivoren gerade noch vertragen. Die Larven trocknen dann ein.

Mehltau und Co.

In den luftfeuchten Karnivorenbehältern haben wir es oft mit pilzlichen Erregern zu tun, die Wurzeln und Blätter innerhalb weniger Tage stark schädigen können.

Bekannt ist der Mehltau, mit dem fast jeder Zwergkrug oder „Wasserschlauch-Besitzer" Bekanntschaft schließen wird. Die handelsüblichen Spritzmittel gegen den Rosenmehltau helfen auch hier.

Bei schlechten Lichtverhältnissen fallen viele Karnivoren-Arten (*Drosera*, *Sarracenia*, *Heliamphora*) dem Grauschimmel (*Botrytis*) zum Opfer. Hier hilft ein sorgfältiges Ausputzen befallener Blätter. Das Lichtangebot sollte verbessert und die Luftfeuchtigkeit verringert werden.

Auf Torf kann sich zudem weißlicher Schimmel bilden. Er fühlt sich nur auf sehr nassem und meist verbrauchtem Substrat wohl und ist für die Pflanzen ungefährlich.

Blattlausbefall ruft starke Verkrüppelungen an vielen Arten hervor. Nach der Behandlung erholen sich die Pflanzen jedoch schnell.

Der Falsche Mehltau befällt besonders gerne die Blütenstiele und Knospen der Wasserschlauch-Arten, hier Utricularia alpina.

Porträts

Die Venusfliegenfalle *Dionaea muscipula*

Die roten Fallen der Venusfliegenfalle ziehen zahlreiche Insekten an. Außerdem produzieren spezielle Drüsen am Fallenrand süßen Nektar, der die Beute in die Falle lockt. Im Sommer entwickelt sich fast jede Woche eine neue Falle.

Die nach Charles Darwin „wunderbarste Pflanze der Welt" hat bis heute nichts von ihrer Faszination verloren. Sie ist zweifelsfrei die meist verkaufte Fleischfressende Pflanze der Welt. Das dunkle Kapitel der tausendfach importierten Wildpflanzen von 1970 bis Mitte 1980 hat das Naturvorkommen in dem relativ kleinen Areal in Nord- und Süd-Carolina der USA stark dezimiert. Der anhaltende Landbedarf und die dadurch bedingte Trockenlegung der Feuchtgebiete haben den Vorgang noch beschleunigt. Heute werden wohl in wenigen Jahren mehr Pflanzen gärtnerisch vermehrt als es noch Wildpflanzen gibt. Dabei sind durch Auslese Kulturklone entstanden, die wesentlich größer als die Wildpflanzen sind. Auch zahlreiche Farbvarianten sind selektiert und vermehrt worden. Andere Kulturformen unterscheiden sich in der Art der Fallenzahnung, die auch jahreszeitlich bedingt variiern kann. Mit einem tief liegenden Rhizom überdauert *Dionaea* am Naturstandort Fröste, Trockenperioden und auch die häufigen Buschfeuer, nach denen sie unter den verbesserten Lichtbedingungen wieder besonders kräftig austreibt.

Sekundenschnelle Fallen

Die Schnelligkeit der Fangbewegung, innerhalb von Bruchteilen einer Sekunde, ist immer wieder unvorstellbar. So ist es nicht verwunderlich, wenn im Gartencenter Jung und Alt bei dieser Pflanze eine regelrechte „Fallenreizsucht" ergreift. Leider geschieht dies zum Schaden der Pflanzen und des Geschäftes, denn jede Falle kann sich nur etwa fünfmal schließen, danach ist sie verbraucht und öffnet sich nicht mehr (der Verdauungsvorgang kann übrigens meist nur dreimal wiederholt werden, bevor die Falle abstirbt). Neben der Schnelligkeit der Bewegung fasziniert die Reizspeicherung an dieser Pflanze. Denn nur wenn innerhalb von 30 Sekunden zwei, von den meist sechs vorhandenen, Fühlborsten berührt werden, schließt sich die Falle in Bruchteilen einer Sekunde. Damit soll verhindert werden, dass zum Beispiel fallendes Laub den Fangmechanismus unnötig auslöst. Nach dem ersten Schließvorgang kann zu kleine, nicht lohnende Beute, zwischen den ineinander greifenden Zähnen entkommen. Erst wenn die Fühlborsten weiterhin ausgelöst und Aktionspotenziale freigegeben werden,

Ausgewachsene Pflanzen blühen im Frühjahr. Ein sehr langer Blütenstiel hält die Bestäuberinsekten von den gefährlichen Fallen fern.

Dionaea muscipula, *hier die Sorte 'Dentata', ist ein Kulturklon mit interessant gezähntem Fallenrand und kräftigen Fallen.*

pressen sich die Fallenhälften weiter aneinander. Weichhäutige Beute wird regelrecht zerquetscht. Dann erst wird der Verdauungssaft ausgeschieden. Nach etwa zwei Wochen öffnet sich die Falle und es bleibt nur noch die unverdauliche Chitinhülle des Insektes übrig.

Die Kultur

Dionaea ist die sonnenhungrigste Insektivore überhaupt. Sie leidet, schon alleine wegen der kürzeren Sonnenscheindauer in unseren Breiten, oft an Lichtmangel. Kommt dann noch ein dunkler Standort hinzu, sind Misserfolge vorprogrammiert. Nur in voller Sonne bildet *Dionaea* die kräftig rot gefärbten Fallen aus. Bei Lichtmangel entwickeln sich kleine grüne Fallen an langen Stielen. Die schönsten Pflanzen erhält man im Sommer am sonnigen Standort im Freien. Wird mit Insekten künstlich gefüttert, sollte die Beute nicht größer als ein Drittel der Falle sein, sonst könnte das Blatt faulen. Das Füttern hat jedoch kaum Einfluss auf die Pflanzengesundheit, hier bringen die schon genannten Kulturmaßnahmen mehr Erfolge.

Die Venusfliegenfalle verbraucht sehr viel Energie, um im Frühjahr den sehr langen Blütenstiel mit den relativ kleinen weißen Blüten auszubilden. Sie wird jetzt über mehrere Monate kaum Fallen ausbilden. Will man dies verhindern, empfiehlt sich das frühzeitige Abschneiden des Blütenstieles. Im Herbst stellt sich die Pflanze um, und die langstieligen Sommerblätter werden vermehrt schwarz. Im Winter werden dann kleinere Fallen an sehr kurzen Stielen ausgebildet. Die Pflanzen verlangsamen dann das Wachstum und sollten möglichst hell, feucht und kühl (10 °C) überwintert werden.

Bei Frost sterben Blätter und Fallen ab, die Zwiebel überdauert den Winter. Der Neuaustrieb erfolgt erst nach den letzten Frösten im Mai/Juni.

Besonderes

Dionaea besitzt eine unterirdische Zwiebel. Nach Kulturfehlern können Blätter und Wurzeln abgeschnitten werden. Unter vollsonnigen Bedingungen werden aus der Zwiebel wieder neue Blätter mit roten Fallen austreiben.

Der Sonnentau *Drosera*

D. filiformis aus Nordamerika. Gleich nach dem Entrollen des jungen Blattes sind die Tentakeln zum Fang bereit. Diese Art ist bedingt winterhart und bildet im Winter Überwinterungsknospen aus. Mit einem leichten Frostschutz ist der Fadenblättrige Sonnentau ganzjährig im Moorbeet zu halten.

Unter den Sonnentau-Arten befinden sich zahlreiche Anfänger-Karnivoren. Die Formenvielfalt dieser Gattung ist enorm. Daher ist es nicht verwunderlich, dass diese Gattung bei vielen Sammlern, gerade mit kleinem Platzangebot, so beliebt ist. Durch die weltweite Verbreitung, mit bisher 152 beschriebenen Arten, gibt es einige Gruppen, die sehr unterschiedliche Kulturansprüche haben. Deshalb ist diese Gattung nachfolgend nochmals unterteilt. Einige Gruppen sind in der Kultur sehr schwierig und daher hier nicht weiter beschrieben. Dazu zählen vor allem die Knollen-Sonnentau-Arten aus Australien und einige Arten mit Speicherwurzeln aus Südafrika, die auch eine strenge trockene Ruhezeit benötigen. Hier tauchen auch teilweise noch Wildsammlungen im Versandhandel auf, die keine Chance in der Kultur haben.

Allen Sonnentau-Arten gemein, ist ein sehr feines Saatgut, das sich mit dem Wind über große Entfernungen verbreiten kann. So besiedeln viele Arten schnell neue Feuchtstandorte, verschwinden jedoch auch genauso schnell, wenn die umgebende Vegetation zu kräftig wird.

Funkelnde Fallen

Die aktiven Klebfallen der Sonnentaugewächse gehören zu den schönsten Blattformen im Pflanzenreich. Im Gegenlicht, durch eine Lupe betrachtet, kann sich kein Betrachter der Faszination entziehen. Der zähe Fangschleim an den Tentakeln ist vollkommen harmlos. Er lockt durch Lichtreflexionen zahlreiche Fluginsekten an. Wenn sich ein Insekt gefangen hat, bewegen sich innerhalb von wenigen Minuten die Tentakel auf das Tierchen zu, bis sich schließlich das ganze Blatt einrollt. Erst dann wird der Verdauungssaft mit den Verdauungsenzymen ausgeschieden, der das Insekt komplett einschleimt. Nach ein bis zwei Wochen ist der Verdauungsvorgang abgeschlossen, und das Blatt öffnet sich wieder. Die unverdaulichen Beutereste werden meist vom Regen herausgewaschen.

Die Schließbewegung bei einigen, in Australien beheimateten Arten, kann man mit dem Auge gut beobachten. So klappen bei *D. burmannii* und *D. scorpioides* die äußeren, klebtropfenfreien Randtentakeln innerhalb von Sekunden nach innen und drücken die Beute in die Blattmitte.

Den Kapsonnentau, Drosera capensis, *gibt es rot blühend mit rötlichen Blättern und weiß blühend mit grünen Blättern.*

Drosera aliciae, *nach* D. capensis *der häufigste Sonnentau in Kultur. Mit seinen flachen Rosetten ist er gut für kleine Gefäße geeignet.*

Temperierte oder subtropische Arten

Unter dieser Gruppe sind die meisten in Kultur befindlichen Arten zu finden. Auch die zahlreichen Anfängerarten sind hier vertreten. Das Hauptverbreitungsgebiet der subtropischen Arten ist Amerika und Südafrika. Das Klima zeichnet sich in diesen Gebieten durch warme Sommer und kühlere, jedoch frostfreie Winter aus. Optimale Wintertemperaturen liegen bei etwa 12 °C. Dabei nehmen es viele Arten nicht so genau. So können etwa die bekannten Arten *D. capensis* und *D. aliciae* ganzjährig warm kultiviert werden. Wichtig ist dann jedoch ein heller Winterstandort, vielleicht auch mit Zusatzlicht. Viele Arten arrangieren sich eine ganze Zeit mit einem zu dunklen Standort, werden dann jedoch schnell Opfer einer Pilzinfektion, meist durch Grauschimmel. Die zarten Blätter sterben dabei innerhalb weniger Tage ab. Haben die Pflanzen genug Licht, bekommen die meisten Arten rötliche Blätter.

Weitere Anfängerarten sind die halbhoch wachsende *D. nidiformis*. Die rosettenbildenden, flachen Arten *D. hamiltonii*, *D. slackii* und *D. cuneifolia* sehen ähnlich wie *D. aliciae* aus. Auch die zartere *D. spathulata* mit ihren zahlreichen Formen hat den gleichen Habitus. Wer schon einige Erfahrungen gesammelt hat, kann es mit dem Königs-Sonnentau, *Drosera regia*, versuchen, der weltweit größten Sonnentau-Art. Die Pflanze kann einen halben Meter im Durchmesser erreichen und wird seit kurzem auch als Jungpflanze in den Gartencentern angeboten. Sie benötigt mit ihren dicken, langen Wurzeln große Töpfe und reagiert sehr empfindlich auf Staunässe. Im Winter ist eine kühle Ruhezeit unerlässlich. Diese Art ist stark vom Aussterben bedroht, so gibt es nur noch wenige hundert Exemplare am Naturstandort.

Besonderes

Viele subtropische Sonnentau-Arten treiben nach Kulturfehlern aus den Wurzeln wieder aus. Man kann diese Eigenschaft auch nutzen, um geschädigte Pflanzen ebenerdig abzuschneiden und so einen neuen Austrieb unter besseren Bedingungen zu erhalten. Besonders *D. capensis*, *D. aliciae*, *D. hamiltonii*, *D. slackii* und *D. cuneifolia* sind dafür bekannt.

Drosera paradoxa, erst vor kurzem beschrieben, erfreut sich durch die außergewöhnliche Form großer Beliebtheit.

Drosera adelae, eine ideale Pflanze für das Terrarium. Am sonnigen Standort färben sich die Blätter dunkelrot.

Tropische Arten

Diese Gruppe, meist beheimatet in den tropischen Regionen von Asien, Afrika und Australien, benötigt ganzjährig hohe Temperaturen. Das heißt jedoch nicht unbedingt, dass alle Arten ganzjährig durchkultiviert werden können. Viele der in Nord-Australien beheimateten Arten ziehen im trockenen Sommer ein. Dazu zählen vor allem Arten aus dem *D. petiolaris* Komplex. In diese Gruppe gehört auch *D. paradoxa*, die jedoch problemloser ist und ganzjährig warm durchkultiviert werden kann.

Andere Arten sind einjährig. Dazu gehören die auch in Nord-Australien beheimateten *D. indica* mit ihren zahlreichen Formen und *D. burmannii*. Allen Arten gemeinsam ist, dass sie zur Wachstumszeit hohe Temperaturen von mindestens 22 °C und viel Sonne benötigen. Bei 30 °C fühlen sich viele Arten erst so richtig wohl und legen ein enormes Wachstum vor.

Es gibt auch Grenzgänger zu den temperierten Arten. Hier ist die sehr schöne stammbildende *D. madagascariensis* zu nennen, die im Winter auch mit etwas kühleren Temperaturen um 15 °C zufrieden ist.

Queensland-Arten

Durch die vielen verschiedenen Klimazonen Australiens ist es nicht verwunderlich, dass sich in einzelnen Gebieten ganz spezielle Gruppen herausgebildet haben. Drei Sonnentau-Arten sind in einem sehr begrenzten Gebiet in den Bergregionen des Staates Queensland beheimatet. Hier wachsen sie sehr schattig in den Moospolstern des Nebelwaldes, ein für Sonnentau sehr ungewöhnlicher Standort. Die Temperaturen liegen ganzjährig bei 15 bis 20 °C. Die genannten Standortbedingungen machen diese Pflanzen zu idealen Arten für die luftfeuchte Vitrine. Häufig angeboten wird *D. adelae*, die mit ihren langen Wurzelausläufern schnell das ganze Becken besiedeln wird. Die wesentlich kleinere *D. prolifera* bietet eine bei *Drosera* einmalige Vermehrungsmethode. Die Blütenstiele liegen dem Substrat auf und bilden am Ende jeweils eine neue Pflanze aus. Sehr selten in Kultur und ungleich schwieriger zu halten, ist die große *D. schizandra*.

Alle Arten werden schnell vom Grauschimmel befallen, deshalb sollte nur von unten gegossen und nicht gesprüht werden.

Der Rundblättrige Sonnentau, Drosera rotundifolia, *darf in keinem Moorbeet fehlen. Durch Selbstaussaat werden schnell freie Torfflächen besiedelt.*

Der wohl schönste Vertreter der Gruppe der Zwergsonnentau-Arten, Drosera scorpioides, *bildet kleine Stämmchen aus.*

Winterharte Arten

Absolut winterhart sind natürlich die auch in Deutschland beheimateten Arten *D. rotundifolia*, *D. intermedia* und *D. anglica* sowie deren Hybriden. Diese Arten überdauern auch starke Fröste durch die Ausbildung von Winterknospen (Hibernakel). Wenn es Ausfälle im Winter gibt, dann ist immer Trockenheit die Ursache. Die zarten Knospen liegen teilweise auf dem Substrat und trockenen bei Sonneneinstrahlung und Frost schnell aus. An den Naturstandorten überwintern sie oft unter Wasser.

Mit etwas Geschick lassen sich noch zwei weitere, wesentlich größere Arten dauerhaft im Moorbeet kultivieren. Dies sind zum einen *D. filiformis* aus Nordamerika mit seiner besonders kälteunempfindlichen Form *D. filiformis* ssp. *filiformis* und der aus Australien stammenden *D. binata*. Diese Art wird meist oberirdisch abfrieren, die dicken, fleischigen Wurzeln wachsen jedoch so tief, dass aus ihnen im Sommer wieder neue Pflanzen wachsen können. Bei starken Kahlfrösten sind diese beiden Arten für einen leichten Frostschutz dankbar.

Zwergsonnentau-Arten

In Australien sind über 50 Zwergsonnentau-Arten beheimatet, die meist einen Durchmesser von nur ein bis zwei Zentimetern haben. Bei einigen Arten sind die Blüten größer als die Pflanzen. Auf der Fläche eines DIN A4 Blattes lässt sich von diesen Arten schon eine ganze Sammlung unterbringen. Die Pflanzen wollen luftfeucht und sonnig stehen, sind also ideal für das sonnige Terrarium. Im Winter werden, wie bei den temperierten Arten, niedrigere Temperaturen von circa 12 °C benötigt. In dieser Zeit bilden alle Zwergsonnentau-Arten so genannte Brutschuppen (*Gemmae*) aus, mit denen die Pflanzen am Naturstandort schnell neue Flächen besiedeln können. Alle Zwergsonnentau-Arten sind sehr wurzelempfindlich, so werden die *Gemmae* gleich in den Endtopf gelegt. Es gibt aufrechte Arten, von denen vor allem *D. scorpioides*, *D. dichrosepala* und *D. roseana* im Handel zu finden sind. Zu den flachen rosettenbildenden Arten zählen *D. pulchella*, *D. nitidula*, *D. ericksoniae* und die kleinste Art *D. occidentalis*. Auch Hybriden sind bekannt, sie sind robuster als die Eltern.

Das Fettkraut *Pinguicula*

Tausende kleine Klebtropfen machen auch einem größeren Insekt ein Entkommen unmöglich. Meist werden jedoch winzig kleine Trauermücken oder Fruchtfliegen in großer Zahl gefangen, angelockt durch überwiegend optische Signale.

Zusammen mit *Utricularia* und *Genlisea* gehören die Fettkraut-Arten zur Familie der Wasserschlauchgewächse, die sich durch sehr schöne und farbenfrohe Blüten auszeichnen. Die eigentlichen Fallen besitzen meist nur einen untergeordneten Zierwert.

Durch die große Verbreitung in verschiedenen Klimazonen sind auch die Fettkraut-Arten in unterschiedliche Gruppen eingeteilt. So können grob zwei Wuchsformen unterschieden werden. Die temperierte Wuchsform, mit drei heimischen Arten, bildet im Winter Überwinterungsknospen (Hibernakeln) aus. Die meisten Arten dieser Gruppe sind winterhart. Es handelt sich jedoch nicht um Moorpflanzen, sondern meist um Bewohner alpiner, kalkhaltiger Quellgebiete. Typische Anfängerpflanzen sind dagegen die Mitglieder der tropischen Wuchsform, die im Winter oft eine sukkulente Winterrosette ausbilden, um Trockenzeiten zu überstehen.

Es gibt auch bei den Fettkräutern wahre Überlebenskünstler. So wächst *P. hemiepiphytica* als Baumaufsitzer in Mexiko und *P. lignicola* klammert sich in Kuba mit Haftwurzeln an Kiefernzweige in luftiger Höhe.

Glänzende Fallen

Die fettig glänzenden Blätter haben den Fettkraut-Arten ihren Namen gegeben. Ihre Beute besteht meist aus kleinen, bis zu 3 mm großen Fliegen. Hat sich ein Insekt auf Blattoberfläche in den klebrigen Tropfen verfangen, bildet sich unter der Beute eine kleine Einbuchtung mit der Verdauungsflüssigkeit. So entsteht ein temporärer Magen, in dem die Beute innerhalb weniger Tage zersetzt wird. Bei einigen Arten kann sich auch das Blatt von den Rändern her etwas über der Beute einrollen. *Pinguicula* zählt deshalb zu den aktiven Klebfallen, auch wenn sich die Tentakeln nicht bewegen können.

In Orchideenbetrieben wird das Fettkraut teilweise als biologischer Schädlingsbekämpfer gegen Trauermücken eingesetzt. Auch zu Hause tun die Pflanzen gute Dienste gegen die oft lästigen Fruchtfliegen.

Zu beachten ist, dass die meisten im Handel befindlichen Arten im Winter kleinere Blätter ausbilden, die keine Klebtropfen besitzen. Dies ist eine Anpassung an die insektenarme trockene Winterzeit in Mexiko. Die Blüten erscheinen hauptsächlich im Frühjahr.

Pinguicula esseriana, eine sehr dankbare kleine Fettkraut-Art, die im Winter und Frühjahr zahlreiche, veilchenartige Blüten ausbildet.

Pinguicula primuliflora wird seltener im Fachhandel angeboten. Bei guter Kultur bildet diese Art den ganzen Sommer zahlreiche Blüten aus.

Arten und Kultur

Hauptsächlich die großblättrigen mexikanischen Arten werden gärtnerisch vermehrt. Dazu zählen *P. moranensis*, *P. agnata*, *P. zecheri* und *P. laueana*. In den letzten Jahren sind jedoch auch die hübschen kleinrosettigen Arten immer mehr in das Blickfeld gerückt. Hier sind *P. esseriana*, *P. ehlersiae*, *P. cyclosecta*, *P. gypsicola*, *P. gracilis* sowie *P. rotundiflora* zu erwähnen. Gerade für den Sammler, mit begrenztem Platzangebot bei wenig Licht, bieten sich diese Arten an. Der Hauptanteil der im Gartencenter angebotenen Pflanzen sind jedoch Kreuzungen aus den vorgenannten großblättrigen, mit den kleinrosettigen Arten. Dadurch erhält man kompakte Pflanzen mit kurzstieligen, kräftigen Blüten. Die bekanntesten Hybriden sind *P.* 'Sethos', *P.* 'Tina', *P.* 'Weser', die alle in den siebziger Jahren entstanden sind. Im Sommer kann *Pinguicula* gut im Anstau stehen, vor der heißen Mittagssonne sind die Pflanzen zu schützen. Wenn diese Insektivoren ihre kompakteren Winterrosetten ausbilden, sollten sie trockener gehalten werden. *P. primuliflora*, aus den Feuchtgebieten Nordamerikas, bildet eine Ausnahme. Diese Art muss ganzjährig feucht und auch etwas luftfeuchter stehen, wobei die dünnen Blätter schnell faulen können. *P. caerulea*, *P. lutea* und *P. planifolia* zählen auch in diese Gruppe, sie sind jedoch ungleich schwieriger zu halten und deshalb kaum in Kultur.

Eine ganz andere Pflege benötigen die temperierten Arten. Sie sind teilweise auch in Deutschland heimisch und deshalb nur etwas für das Freiland. Dabei sind die meisten Arten nicht für das Moorbeet geeignet, da sie ein durchlässiges, kalkhaltiges (Kalksplitt) Substrat benötigen. Nur mit dem heimischen *P. vulgaris* kann man im Moorbeet dauerhaft Erfolg haben.

Besonderes

Das Fettkraut fristet zu Unrecht oft ein Schattendasein unter den Karnivoren. Dabei handelt es sich um eine ideale Anfängerpflanze, die mit wenig Licht, trockener Luft und sogar kalkhaltigem Gießwasser gut zurechtkommt. Dazu ist die Vermehrung durch Winterblätter so einfach, dass auch der Anfänger schnell Erfolg haben wird.

Die Schlauchpflanze *Sarracenia*

Sarracenia psittacina *bildet eine Ausnahme unter den Schlauchpflanzen. Die niederliegenden Blätter bilden Reusenfallen, die bei Überschwemmungen auch unter Wasser noch Beute machen können. Lichtfenster locken die Beute in den Falleneingang.*

Die Schlauchpflanzen erfreuen sich auf Grund ihrer stattlichen Größe (bis ein Meter hoch) und Robustheit, großer Beliebtheit. Sie sind beheimatet im Osten Nordamerikas, wobei *S. purpurea* sogar bis in die arktischen Regionen vordringt. *Sarracenien* sind deshalb keine Pflanzen für das zu schattige Terrarium im Zimmer. Da die Pflanzen viel Luft und Sonne benötigen, ist das Moorbeet oder der vollsonnige Wintergarten der geeignete Standort. Hier erhält man die schönsten Exemplare. Alle gängigen Arten und Hybriden sind voll winterhart. Es ist daher nicht verwunderlich, wenn vor allem *S. purpurea* schon an zahlreichen Standorten, zum Beispiel in Deutschland, Irland und der Schweiz, künstlich angesiedelt wurde.

Die Naturstandorte in den USA sind durch frühere Absammlungen und Trockenlegungen stark dezimiert, so dass es von bestimmten Arten nur noch wenig isolierte und streng geschützte Vorkommen gibt. Hier sind besonders *S. oreophila* und einige Formen von *S. ruba* zu nennen. Glücklicherweise werden alle Arten heute in den Gärtnereien in großer Stückzahl vermehrt.

Farbenfrohe Schläuche

Die passiven Schlauchfallen der *Sarracenien* sind der Blickfang vieler Insektivorensammlungen. In voller Sonne bieten sie ein unvergleichliches Farbenspiel, das durch zusätzliche Duft- und Nektarabsonderungen eine Vielzahl von Insekten anlockt. Die Schlauchfallen der Pflanzen, die im Freien stehen, sind im Hochsommer randvoll mit Insekten gefüllt. Dann kommt es besonders bei den hochwachsenden Arten vor, dass der Schlauchinhalt zu faulen beginnt und schließlich auch der Schlauch selbst in Mitleidenschaft gezogen wird. Man sollte sich davon jedoch nicht beeindrucken lassen. Die Falle hat ihre Funktion erfüllt, und die neuen Schläuche werden umso schöner und schneller wachsen.

Die meisten Arten besitzen wenig Verdauungsflüssigkeit im Schlauchinneren. Nur *S. purpurea* sammelt durch die trichterartigen Fallen viel Regenwasser, in das die Verdauungsenzyme abgegeben werden. Der Großteil der Verdauung wird dabei von Bakterien und anderen Kleinlebewesen übernommen, die hier dauerhaft leben können.

Sarracenia leucophylla, *eine der schönsten Arten. Es gibt zahlreiche Hybriden mit dieser Art, die wesentlich wüchsiger wie die reine Art sind.*

Sarracenia purpurea, *zahlreiche Formen sind bekannt. Sie unterscheiden sich durch die Fallenzeichnung und Variationen in der roten Blütenfarbe.*

Arten und Kultur

Insgesamt acht Arten sind beschrieben, die Anzahl der Natur- und Kulturhybriden ist jedoch mit weit über 100 Hybriden kaum noch zu erfassen. Jedes Jahr erscheinen neue Kreuzungen und Rückkreuzungen, die oft mit Fantasienamen oder Falschbezeichnungen in den Handel kommen. Selbst Experten können diese Pflanzen nicht korrekt nachbestimmen. Unter den Hybriden befinden sich die schönsten und wuchsfreudigsten Pflanzen. Hauptsächlich *S. purpurea* wird als reine Art in großer Stückzahl angeboten. Seltener zu finden ist *S. leucophylla* und *S. flava*.

Die Unterart *S. purpurea* ssp. *purpurea* ist besonders winterhart und verträgt ohne weiteres Fröste von minus 30 °C. Bis auf *S. psittacina* und *S. minor* (mit Frostschutz auch möglich) sind jedoch auch alle anderen Arten und Hybriden absolut winterhart. Sollte es Ausfälle geben, dann ist meist Trockenheit im Winter schuld daran. Für das Moorbeet weiterhin zu empfehlen ist *S. flava*. Diese robuste, hochwachsende Art gibt mit ihren hellgrünen Schläuchen sehr schöne Kontraste zu *S. purpurea*.

Im Frühjahr erfreuen die Schlauchpflanzen durch ihre ungewöhnlichen und farbenfrohen Blüten, die noch vor den ersten Schläuchen ausgebildet werden. Schließlich wollen die Pflanzen ja nicht die eigenen Bestäuberinsekten wegfangen. Der schirmartige Griffel gibt der Blüte auch nach dem Abblühen noch über viele Monate ein interessantes Aussehen. Bei erfolgreicher Bestäubung werden bis zu 500 Samen pro Kapsel ausgebildet. Der Samen keimt nach einer Kühlperiode (zwei Monate im Kühlschrank) gut auf feuchtem Torf. Mit viel Geduld und Erfahrung wachsen in circa drei Jahren große Pflanzen heran. Eine leichte Flüssigdüngung ist dabei möglich.

Besonderes

Wichtig ist bei *Sarracenia* ein gesundes Rhizom. Man sollte sich deshalb, auch beim Kauf, nicht durch eventuell verletzte oder schlecht ausgefärbte Schläuche beeindrucken lassen. Es können jederzeit alle Schläuche abgeschnitten werden. Die Pflanzen bilden unter guten, vollsonnigen Bedingungen schnell wieder neue Schläuche aus.

Die Kannenpflanze *Nepenthes*

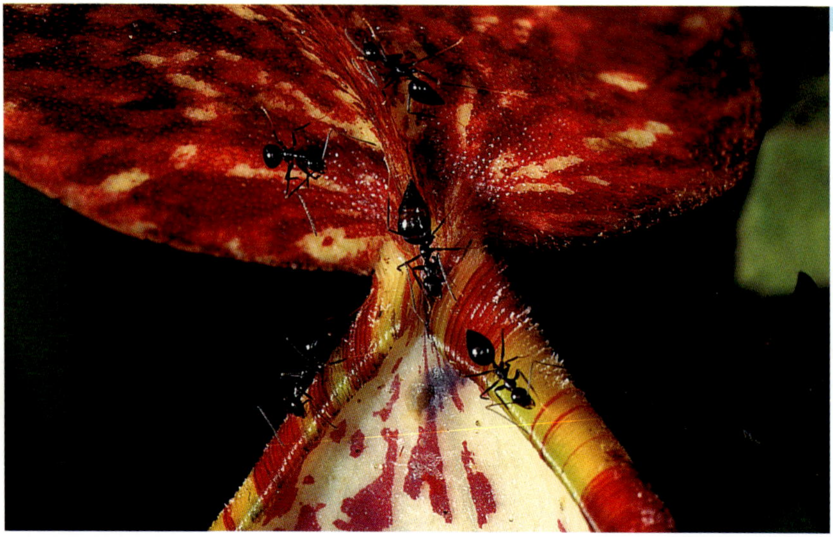

Nepenthes eustachia *fängt, wie viele Arten, hauptsächlich Ameisen, die sie mit Nektarausscheidungen an der Fallenöffnung anlockt. Durch Flügelleisten außen an der Kanne werden die Ameisen zur Kannenöffnung geleitet, wo sie in sehr großer Zahl in die Verdauungsflüssigkeit fallen.*

Die zweifellos größten Karnivoren finden wir unter den Kannenpflanzen, die sich als Lianen bis weit über 10 Meter hoch in die Bäume ranken können. Die eigentlichen Fallen besitzen bis zu zwei Liter Fassungsvermögen. Schon Ende des 19. Jahrhunderts waren die *Nepenthes* bei Adeligen und reichen Bürgern sehr populär, und so sind auch schon zahlreiche Kreuzungen in dieser Zeit entstanden. *Nepenthes* ist zweihäusig, das heißt es gibt männliche und weibliche Pflanzen. Da nur selten beide Partner in Kultur zur gleichen Zeit zum Blühen kommen, ist eine Samenbildung aber sehr selten. Viele Arten lassen sich jedoch durch Stecklinge vermehren.

Nepenthes kommen in den Tropen in einem sehr großen Höhenbereich von 0 bis über 3500 m (Nachtfröste sind hier möglich!) vor. Die Temperaturen sind in den jeweiligen Höhenlagen so unterschiedlich, dass dies auch in der Kultur berücksichtigt werden muss. Viele der bisher 92 bekannten Arten sind extreme Mikroendemiten (sie kommen oft nur in einem sehr begrenzten Gebiet auf einem Berg vor). Einige Arten sind durch Abholzungen leider schon ausgestorben.

Fallen – vielfältig in Form und Farbe

Die *Nepenthes*-Kannen sind passive Fallgruben, der Deckel ist feststehend und dient bei den meisten Arten als Regenschutz. Mit Hilfe des Kannenstieles verankern sich die Pflanzen in den Bäumen. Die Verdauungsflüssigkeit der Kanne ist stark sauer (pH 3) und mit vielen Enzymen angereichert. So kann die Verdauung weichhäutiger Beute schon innerhalb von zwei Tagen abgeschlossen sein. Es ist normal, dass nach etwa drei Monaten die Kanne langsam abstirbt.

Die Farben- und Formenvielfalt der *Nepenthes*-Kannen begeistert jeden Betrachter. Die meisten Arten bilden sehr unterschiedlich geformte Bodenkannen und Hochkannen an den Langtrieben aus. Dies ist eine Anpassung an die kriechende oder fliegende Beute. Zudem sehen die Kannen an jungen Pflanzen völlig anders aus als die Kannen an ausgewachsenen Pflanzen. Diese Tatsachen haben schon so manchen Wissenschaftler verwirrt und auch in der Kultur ist es sehr schwer, die Pflanzen nachzubestimmen.

N. truncata *bildet im Verhältnis zur Blattspreite sehr große Kannen aus. Die ausgewachsenen Kannen können eine Länge von 50 cm erreichen.*

Ein häufig angebotener Hybrid N. ventricosa *x* alata, *auch als* N. *x* ventrata *bezeichnet, bildet bei guten Lichtverhältnissen tiefrote Kannen aus.*

Arten und Kultur

Wie bei den Schlauchpflanzen, sind auch bei den Kannenpflanzen hauptsächlich Hybriden im Handel. Über 200 sind bekannt und jedes Jahr werden es mehr. Sie sind besonders wüchsig und robust.

Im Gartencenter werden ausnahmslos Mittelhochlandarten wie *N. ventricosa*, *N. alata*, *N. fusca*, *N. maxima*, *N. truncata* und *N. veitchii* sowie deren Kulturhybriden angeboten. Die Pflanzen sind sehr temperaturtolerant und können zwischen 15 und 30 °C gehalten werden. Tieflandarten wie *N. ampullaria*, *N. gracilis* oder *N. rafflesiana* dürfen nicht unter 22 °C gehalten werden, während die selteneren und sehr langsam wachsenden Hochlandarten (*N. lowii*, *N. macrophylla*, *N. villosa*) niedrigere Nachttemperaturen um 15 °C bevorzugen.

Obwohl es mit den neuen, robusten Hybriden teilweise gelingt, die Pflanzen in der offenen Zimmerkultur zu pflegen, sollte man ihnen ein luftfeuchtes Gefäß gönnen. *Nepenthes* sind in tropischen Klimaten beheimatet und fühlen sich erst ab einer Luftfeuchtigkeit von 60 % wohl, dann entwickeln sie auch ihre Kannen. Die Kannenpflanzen bilden zuerst eine mehr oder weniger große Bodenrosette, bevor sie mit den so genannten Langtrieben in die Höhe wachsen.

Für das kleinere Terrarium eignen sich die kompakteren Arten wie *N. gracilis*, *N. singalana*, *N. xiphioides* und *N. tobaica*.

Das im Handel erhältliche Standardsubstrat auf Torfbasis kann verwendet werden. Die Pflanzen sollten dann jedoch nicht ständig im Anstau stehen, damit die etwas empfindlichen Wurzeln nicht faulen. Der Experte mischt häufig strukturstabile Zuschlagstoffe (Perlite, Rinde, Kokosfasern, Blähton) in das Standardsubstrat, damit es lockerer wird.

Besonderes

Bei zu niedriger Luftfeuchte oder Lichtmangel bildet *Nepenthes* keine Kannen aus. Solche unschönen Exemplare kann man kräftig zurückschneiden, die Pflanzen treiben meist mehrtriebig wieder aus. So erhält man sehr buschige Pflanzen, die bei ausreichender Luftfeuchtigkeit auch wieder reichlich Kannen entwickeln.

Der Wasserschlauch *Utricularia*

Utricularia vulgaris *ist problemlos im Gartenteich zu halten. Die gut sichtbaren, dunklen Fallen sind mit Beute gefüllt. Zum Herbst bilden sich an den Triebenden Überwinterungsknospen oder „Turionen“ (links im Bild), die auf dem Teichboden überwintern und im Frühjahr wieder austreiben.*

Utricularia stellt gewissermaßen, die bei den Sammlern lange vergessene Gattung dar. Dennoch ist der Wasserschlauch mit 220 Arten die artenreichste Gattung unter den Insektivoren und besiedelt dazu noch die extremsten Standorte wie schnell fließende Gewässer, Bäume, periodisch austrocknende Sandflächen und Bromelientrichter. Die Fangorgane sind aber nur mit einer Lupe zu sehen und die Blätter vieler Arten meist winzig. Das faszinierende sind jedoch die Blüten, die bei einigen Pflanzen groß und auffällig, bei anderen sehr klein sind und teils dicht gedrängt stehen. Die überwiegende Mehrheit besitzt winzige, teils kaum sichtbare Blüten und ist damit für den Sammler uninteressant.

Fallen im Verborgenen

So klein wie die Fallen sind, so komplex und schnell sind sie auch. In den meist nur ein bis zwei Millimeter großen, blasenartigen Gebilden wird ein Unterdruck erzeugt und die „Falltür“ am Eingang mit Schleim abgedichtet. Spezielle Reusenhaare und zuckerhaltige Ausscheidungen leiten die Tiere zuvor an die Auslöseborsten der Falle, die dann den Fangvorgang innerhalb von Bruchteilen einer Sekunde durchführen. Dabei wird die Beute mit dem Wasserstrom in die Falle gesogen. Anschließend sondern spezielle Zellen Verdauungsenzyme ab und bauen innerhalb von etwa 15 Minuten erneut einen Unterdruck in der Falle für den nächsten Fang auf. Man kann den Vorgang kaum sehen, jedoch gut hören. Werden die im Wasser schwimmenden Arten (zum Beispiel *U. vulgaris*, *U. australis*) aus dem Wasser genommen, ertönt ein deutliches Knacken der sich öffnenden Fallen.

Arten und Kultur

Zur richtigen Kulturführung muss man diese große Gattung in mindestens drei Kulturgruppen einteilen. Die aquatischen (wasserbewohnenden) Arten und die terrestrischen (bodenbewohnenden) Arten, die man wiederum in großblättrige und kleinblättrige Arten unterteilen kann.

Zu den aquatischen Arten zählen auch die sieben heimischen, die man nur noch sehr selten in naturnahen

Utricularia longifolia bildet bei guter Kultur zahlreiche große Blüten aus. Auf Mehltaubefall, besonders der Blätter, ist zu achten.

Utricularia sandersonii erfreut durch seine kleinen, weißlichen Blüten, die meist über viele Monate sehr zahlreich erscheinen.

und algenfreien Gewässern findet. Dazu gehoren vor allem *U. vulgaris* und *U. australis*, die sich in der Blüte kaum sichtbar unterscheiden. Sie sind einfach im eigenen Gartenteich zu halten und fangen die lästigen Mückenlarven. Vermeiden Sie eine zu starke Veralgung.

Winterhart sind auch die selten angebotenen nordamerikanischen Arten *U. purpurea* und *U. cornuta*. Die tropischen aquatischen Arten können ganzjährig im Aquarium gehalten werden. Es ist bisher jedoch nur die zarte *U. gibba* häufiger in Kultur.

Interessant ist die kleine Gruppe der tropischen großblättrigen Arten, die jedoch meist nur einmal im Jahr ihre eindrucksvollen Blüten ausbilden. Am weitesten verbreitet sind *U. alpina*, *U. longifolia* und seltener *U. reniformis*. Die nur im Versand angebotenen *U. humboldtii* und *U. nelumbifolia* haben sich auf das Leben in Bromelientrichtern spezialisiert und sollten deshalb im flachen Wasser kultiviert werden.

Am einfachsten und dankbarsten sind die häufiger angebotenen kleinblättrigen Arten. *U. sandersonii*, *U. livida*, *U. calycifida* und *U. microcalyx*. Ausgepflanzt in einem Becken, überziehen sie schnell mit ihren feinen Blättern den feuchten Torf, ohne dabei andere Pflanzen zu erdrücken. Die *Utricularia*-Arten sollten im Anstau bewässert werden, wobei ein hoher Wasserstand von Vorteil ist. Im Sommer muss vor der Mittagssonne geschützt werden. Niedrigere Temperaturen im Winter (circa 12 °C) fördern bei den großblättrigen Arten die Blütenbildung im Frühjahr.

Das staubfeine Saatgut einiger meist einjähriger Arten findet immer ungeahnte Wege der Verbreitung. Am bekanntesten ist hier *U. subulata*, der als „Unkraut" in vielen Sammlungen sein Dasein fristet.

Besonderes

Wer sich intensiver mit den *Utricularien* beschäftigen will, sollte von vornherein darauf achten, die Arten räumlich gut zu trennen. Durch Ausläuferbildung und Samenflug erhält man sonst in kurzer Zeit einen „bunten Mix", der nie mehr zu trennen ist. Geeignet sind zum Beispiel einzelne wasserdichte, kleinere Glas- oder durchsichtige Plastikgefäße, in denen die Pflanzen selbst unter der Erde Blätter bilden.

Die Raritäten

Cephalotus follicularis, *noch vor wenigen Jahren nur in botanischen Sammlungen zu bewundern, ist durch neue Vermehrungsmethoden (Sterilvermehrung) nun auch häufiger im Fachhandel zu finden. Bei gutem Lichtangebot entwickeln die Krüge ihre charakteristische Zeichnung.*

Die bisher genannten Arten sind mit den entsprechenden Grundkenntnissen gut zu kultivieren und nehmen schon einmal Kulturfehler hin, wenn sie korrigiert werden.

Zu den nachfolgend genannten Raritäten gehören zweifellos sehr schöne Arten, die auch seit einiger Zeit zeitweise im Gartencenter erhältlich sind. Falsche Standorte oder Pflegefehler muss der Besitzer jedoch schnell mit dem Verlust der Pflanzen bezahlen. Deshalb sollte sich nur der erfahrene Pflanzenfreund an diese Arten wagen. Zum Teil reagieren die Pflanzen schon sehr empfindlich auf Wurzelstörungen. Auf Tauschbörsen werden solche Kostbarkeiten teilweise angeboten und hier erfährt man auch Neues zu den Pflanzen.

Folgende Arten sind auch unter den Raritäten nicht aufgeführt. *Aldrovanda vesiculosa*, die Wasserfalle, ist sehr heikel und deshalb kaum in Kultur. *Catopsis berteroniana* und *Brocchinea* ssp. gehören zu den Bromelien und sind als Karnivoren immer wieder umstritten. *Triphyophyllum peltatum* sind nur in wenigen Botanischen Gärten in Kultur.

ZWERGKRUG (*CEPHALOTUS*)

Zweifellos eine der reizvollsten Insektivoren ist der Zwergkrug, der nur noch in sehr kleinen Populationen im Südwesten Australiens beheimatet ist. Im Winter werden einfache Laubblätter ausgebildet, im Sommer entwickeln sich die überaus komplexen Krüge, die dem Boden aufliegen und hauptsächlich Ameisen fangen. Am Naturstandort wächst *Cephalotus* in dauerfeuchten Quellgebieten, deren Bewuchs durch periodische Brände niedrig gehalten wird.

Daraus folgt, dass die Pflanzen ganzjährig sonnig und luftfeucht stehen. Im Winter soll die Temperatur kühler (circa 12 °C) sein. Das durchlässige Substrat (Perlite oder Sandbeimischungen haben sich bewährt) sollte nicht dauerhaft vernässen, da sonst die empfindlichen feinen Wurzeln faulen und die Pflanzen innerhalb von nur zwei Tagen absterben können. Der Befall mit Wurzelpilzen scheint hierfür verantwortlich zu sein. Mit etwas Geschick lassen sich die Pflanzen über Blattstecklinge, die in feuchtes Torfmoos gesteckt werden, vermehren. Es dauert jedoch Monate, bis sich eine Jungpflanze entwickelt.

Heliamphora heterodoxa x minor *ist ein kompakter und robuster Kulturhybride für den Einsteiger in diese interessante Gattung.*

Darlingtonia californica *erinnert an eine aufgerichtete Kobraschlange mit gespaltener Zunge. Die Lichtfenster täuschen einen Fluchtweg vor.*

Sumpfkrug (*Heliamphora*)

Der Sumpfkrug kommt auf den sagenumwobenen und abgelegenen Tafelbergen der Gran Sabanna in Venezuela vor. Das raue Klima dieser Berge zeichnet sich durch schnelle Wetterwechsel und extrem hohe Niederschläge aus. Die Tag- und Nachttemperaturen differieren teils um mehr als 20 °C.

Überwiegend in Kultur sind *H. minor*, *H. heterodoxa* und *H. nutans*. Dabei ist *H. minor* mit maximal 12 cm Höhe eine der kleinsten und auch eine problemlose Art. *H. neblinae* ist eine der größten und wüchsigsten Arten. Wer *Heliamphora* kultivieren will, sollte es zuerst mit den robusten Kulturhybriden versuchen. Die einfachsten sind die kleinere *H. heterodoxa* x *minor* und die großwüchsige *H. heterodoxa* x *ionasii*. *Heliamphora* benötigt eine erhöhte Luftfeuchtigkeit von mindestens 60 %. Die Pflanzen sollten nicht zu warm stehen, optimal sind Nachttemperaturen von circa 15 °C. *Heliamphora* wollen feucht und hell, jedoch nicht ständig im Wasser stehen, da die Wurzeln sonst faulen. Das Substrat sollte deshalb mit Zuschlagstoffen aufgelockert werden.

Kobralilie (*Darlingtonia*)

Die Kobralilie, beheimatet in Quellgebieten der US-Bundesstaaten Oregons und Kaliforniens, ist erst seit kurzem im Handel erhältlich. Bemerkenswert ist die Drehung der Schlauchöffnung um 180° nach außen, um den Beutefang zu erhöhen.

Darlingtonia ist keine Pflanze für das Terrarium. Sie bevorzugt, wie die Schlauchpflanzen, sonnige Standorte im Freien und ist damit eine ideale Pflanze für das Moorbeet. Hier sind die niedrigen Temperaturen im Wurzelbereich gewährleistet, die für eine erfolgreiche Kultur unbedingt notwendig sind. Die Wurzeln sind überaus empfindlich und können, wie bei *Cephalotus* und *Heliamphora*, durch Pilzinfektionen innerhalb weniger Tage absterben. Die Pflanzen sind dann nicht mehr zu retten. Gut eingewurzelte Kobralilien können auch im Winter im Moorbeet überwintern und sind nur bei starken Kahlfrösten (unter –10 °C) mit einem leichten Winterschutz zu versehen. Auch im kühlen Gewächshaus lassen sich in großen Tontöpfen gute Erfolge erzielen. Gesunde Pflanzen vermehren sich gut über Rhizomausläufer.

Byblis filifolia *zeigt schon wenige Wochen nach der Keimung ihre Blütenpracht. Es gibt auch eine weiß blühende Form, die in der Natur sehr selten ist.*

Roridula gorgonias, *hier am Naturstandort in Südafrika, ist ein Grenzgänger unter den Insektivoren, da sie die Beute nicht selbst verdauen kann.*

Regenbogenpflanze (*Byblis*)

Die Gattung *Byblis* umfasst mittlerweile sechs Arten, die alle hauptsächlich in Australien beheimatet sind und passive Klebfallen besitzen. *B. gigantea* und *B. lamellata* sind mehrjährig und überdauern die Trockenzeiten durch ein unterirdisches Rhizom. Diese Arten sind jedoch in der Kultur sehr schwierig.

Die anderen vier bisher bekannten Arten (*B. aquatica*, *B. filifolia*, *B. liniflora*, *B. rorida*) sind einjährig und leichter zu halten. Sie benötigen alle hohe Wachstumstemperaturen (mindestens 25 °C), in denen sie innerhalb von nur drei Monaten zur blühreifen Pflanze heranwachsen und dann mit Blüten übersät sind. Die Arten unterscheiden sich meist nur geringfügig voneinander. Schon länger in Kultur ist die zarte *B. liniflora*. Von der erst seit kurzem benannten *B. filifolia* gibt es kulturwürdige Klone, die sich im Sommer unter sonnigen und sehr erdfeuchten Bedingungen gut am Süd-Fenster oder auf dem Balkon halten lassen. Das Saatgut von einigen Arten keimt oft schlecht. Erfahrene Sammler propagieren die Anwendung von Gibberelinsäure zum Brechen der Keimruhe.

Wanzenpflanze (*Roridula*)

Bisher als Taupflanze bekannt, besteht oft eine Verwechslung mit dem nachfolgend beschriebenen Taublatt. Deshalb hat sich seit kurzem der deutsche Name „Wanzenpflanze“ durchgesetzt. *Roridula* kann die zahlreich gefangenen Insekten nicht selbst verdauen, da sie keine Enzyme produziert. Diese Aufgabe übernehmen zwei Blindwanzen-Arten, die sich auf den überaus klebrigen Blättern bewegen können und die gefangenen Insekten aussaugen. Die Ausscheidungen der Wanzen düngen die Pflanzen.

Die Gattung besteht aus nur zwei Arten, die jedoch vollkommen unterschiedliche Kulturansprüche besitzen. *R. gorgonias* ist wesentlich leichter zu halten und muss ganzjährig feucht stehen. *R. dentata* dagegen ist kaum in Kultur und verträgt keine Staunässe. Beide Arten sind strauchartig wachsend und können über einen Meter hoch werden. Die Wanzenpflanze reagiert empfindlich auf zu hohe Luftfeuchtigkeit und fault dann oft unterhalb der Triebspitze. Ideal ist ein sonniger Wintergarten, der im Winter kühl und lufttrocken sein sollte.

Drosophyllum lusitanicum *ist keine Pflanze für luftfeuchte Terrarien. Es benötigt trockene Luft und viel Sonne, damit sich die Drüsen tief rot färben.*

Genlisea violacea x lobata, *ein blühfreudiger und wüchsiger Kulturhybride, der wesentlich einfacher zu kultivieren ist als seine Eltern.*

Taublatt (*Drosophyllum*)

Das stark süßlich duftende Taublatt ist schon lange in botanischen Gärten in Kultur. Beheimatet ist es auf der Iberischen Halbinsel und in Marokko. Dort kommt es aber nur noch an wenigen Standorten in sandigen Kiefernwäldern auf steinigem Boden vor. Das Taublatt ist keine Moorpflanze und quittiert Staunässe mit sofortigem Absterben! Dagegen ist ein leichtes Welken der Blätter bei Trockenheit nicht schädlich. Wichtig ist ein sandiger, tiefgründiger Boden mit guter Drainage. Bewährt haben sich Torfmischungen mit einem hohen Sand- oder Perliteanteil. Damit das Taublatt gut gedeiht, benötigt es ganzjährig volle Sonne und im Winter einen kühleren Standort (circa 12 °C). Im Sommer bietet die überdachte, sonnige Terrasse ideale Bedingungen. In geschlossenen Räumen entwickelt sich bei Sonne ein intensiver, honigartiger Duft, der zahlreiche Insekten anlockt.

Das Taublatt ist extrem wurzelempfindlich, so führt jede Wurzelstörung zum Absterben der Pflanze. Dadurch wird ein Umtopfen unmöglich. Säen Sie *Drosophyllum* in den Endtopf (12 oder 14 cm Tontopf) aus.

Reusenfalle (*Genlisea*)

Die sehr zarten Reusenfallen sind nur etwas für Spezialisten, die auch mit dem Wasserschlauch (*Utricularia*) schon gute Erfahrungen gesammelt haben. *Genlisea hispidula*, *G. violacea*, *G. lobata* und *G. repens* sind von den bisher 21 beschriebenen Arten die bekannteren und auch etwas großblütigeren Arten in Kultur.

Sie benötigen reinen Torf und höhere Töpfe, in denen sie die langen, gegabelten Reusenfallen entwickeln können. Die Töpfe müssen etwa zur Hälfte im Wasser stehen, wobei darauf zu achten ist, dass das nasse Substrat nicht faulig wird, also zu stinken anfängt. Ein häufiger Wasserwechsel kann dann Abhilfe bringen. Die Pflanzen benötigen einen sonnigen Standort bei ganzjährig gleichen Temperaturen von 15 bis 25 °C.

Die interessanten Fallen sind umgewandelte, gegabelte Blätter mit einer Verdickung (Magen), in der sich mikroskopisch kleine Protozonen fangen, die mit Hilfe eines Lockstoffes in die Reusen gelockt werden.

Die Vermehrung über Samen ist sehr schwierig. Viele Arten lassen sich über Blattstecklinge heranziehen.

Adressen

Gesellschaft für Fleisch fressende Pflanzen G.E.P. e.V.
www.carnivoren.org
Vorsitzender@carnivoren.org
Dr. Alfred Jäger
Radolfzellerstr. 22
78467 Konstanz
Tel: 0 75 31/7 93 43
Auf der Hompepage der G.E.P. bekommen Sie weitere zahlreiche Informationen (Forum, Versandadressen, viele Kulturtipps)

Spezialgärtnerei für Insektivoren
Carow & Wrono
Ümpfigstr. 5
97720 Nüdlingen
mail@Carow-Wrono.de
www.falle.de
Tel: 09 71/9 83 00

Gartenbaubedarf
Manfred Meyer
Eckenheimer Landstr. 334
60435 Franfurt/Main
Tel: 0 69/5 45 52

Register

Halbfette Seitenzahlen verweisen auf Abbildungen.

Mit 64 Farbfotos von:
Thomas Carow, Münnerstadt (62 Farbfotos);
Otmar Diez, Sulzthal: 5;
Günter Spieß, Münnerstadt: 21;

Legenden zu:
Seite 1: *Heliamphora heterodoxa* x *ionasii*; Seite 2/3: Von links: *S. psittacina*, *S.* 'Soper', *N. ventricosa* x *alata*, *H. heterodoxa* x *ionasii*, *S. purpurea*-Hybride, *P.* 'Tina', *Drosera capensis*, *P. cyclosecta*, *Drosera aliciae*, *Dionaea muscipula*; Seite 5: *Sarracenia*-Hybride; Seite 11: *Drosera spathulata* 'New Zealand'; Seite 19: *Cephalotus follicularis*; Seite 27: *Heliamphora neblinae*

Umschlaggestaltung von Atelier Reichert, Stuttgart, unter Verwendung von zwei Fotos von Thomas Carow, Münnerstadt (Hauptmotiv: *Drosera scorpioides*) und Reinhard-Tierfoto, Heiligkreuzsteinach-Eiterbach (Einklinker: *Dionaea muscipula*).

Gedruckt auf chlorfrei gebleichtem Papier

ISBN 3-440-10176-6
Wissenschaftliche Beratung: Andreas Fleischmann
Lektorat: Birgit Grimm
Grundlayout: Dietmar Grashoff, Lahr
Produktion: DOPPELPUNKT, Stuttgart
Printed in Slovakia/Imprimé en Slovaquie